なるほどそうだったのか!

ハマスとガザ戦争

高橋和夫

GENTOSHA

はじめに

イスラエルとハマスの戦争が始まってから、6か月が経ちました。

日本のみなさんの目には、どんな風に映り、何を思うのでしょう。

「そもそもなぜ戦っているの？」「どうして罪もない人が巻き込まれるのか？」

「いつまで続くの？」「休戦するのに終戦はできないのか？」

「日本にはどんな影響が出るのか？」

「宗教は人を殺すことを許しているの？」「ハマスってISと同じテロリストなの？」

「アメリカやロシア、中国の本音は？」「周辺のアラブ諸国の思惑は？」

「第三次世界大戦に発展する可能性は？」などなど、疑問だらけだと思います。

私は国際政治学者で、中東を専門としていますが、多くの人から「パレスチナ問題は難しすぎる」という声や「解説書を読んでもわからない」という意見もいただいております。

テレビや新聞で頻繁に報じられているのによくわからない、というのも理由があります。ニュースは今の状況だけを伝え、専門の解説書は細かすぎて大筋がつかめないからです。〝現在と過去〟がうまい具合につながっていないわけです。

そこで本書では、イスラエルとハマスの戦争に関する「なぜ？」を解説するのと同時に、パレスチナ問題の根本にも遡《さかのぼ》り、徹底的にわかりやすく書いてみました。それこそ読んだ後に、職場や酒場や家庭で「こういうことなんだよ」と解説できるように書いたつもりです。

イスラエルとパレスチナの現状を正しく認識するには、両者が対立している根本を、歴史を遡って知る必要があります。大人の教養としても、知っておきたい人は多いでしょう。理解の深まりが読者の皆様の背を平和の行動へと、何かしら後押しするように祈っています。小さな働きかけがきっかけとなり、メディアの報道や政府の政策を変える力になるようにと願っています。

長い目で見ると、それが双方の多くの命を救うことにもなると思っていますし、私は良い結果を心から願っています。

日本とは遠く離れた異世界の出来事だ、と無関心を決め込むのは危険です。なぜなら、この問題は、私たちの生活にも直結しているからです。

イスラエルで暮らすユダヤ人も、ハマスの構成員であるパレスチナ人も、私たちと同じ、幸せと平穏な暮らしを願う一人の人間です。

何が原因で、このように命を懸けて戦うことになってしまったのか？　他人事ではなく、我が身のことに置き換えて読んでいただけると、より深いところで理解できるかと思います。

高橋和夫

なるほどそうだったのか！
ハマスとガザ戦争　目次

1章
「パレスチナ問題」とは、何がどう問題なのか？
紛争の根本を考える

2章―― 戦うことは宿命なのか？ 果てなき因縁の始まり

3章 2023年 ついに勃発！ イスラエルVSハマス 血塗られた舞台裏

4章——
イスラエルとパレスチナ　ジェノサイドの悪夢
毎日報道されているのに意外と知らないガザの惨状

5章

霞んでいく和平の道

アメリカとアラブ諸国の不可解な関係

6章 第三次世界大戦の可能性
日本は、世界は、どうすればいいのか

● パレスチナと周辺

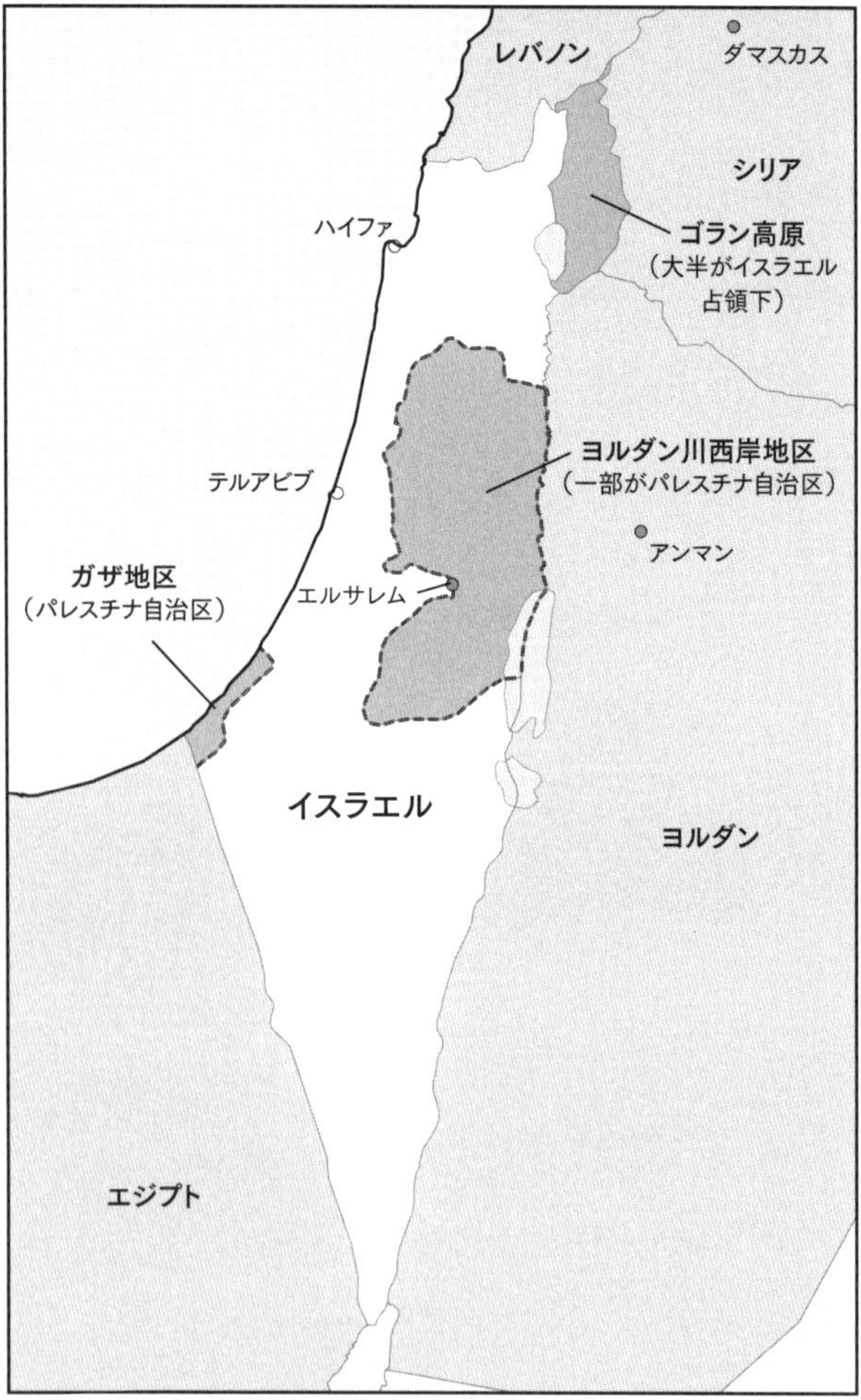
レバノン
ダマスカス
シリア
ゴラン高原
（大半がイスラエル
占領下）
ハイファ
ヨルダン川西岸地区
（一部がパレスチナ自治区）
テルアビブ
アンマン
ガザ地区
（パレスチナ自治区）
エルサレム
イスラエル
ヨルダン
エジプト

中東全体図

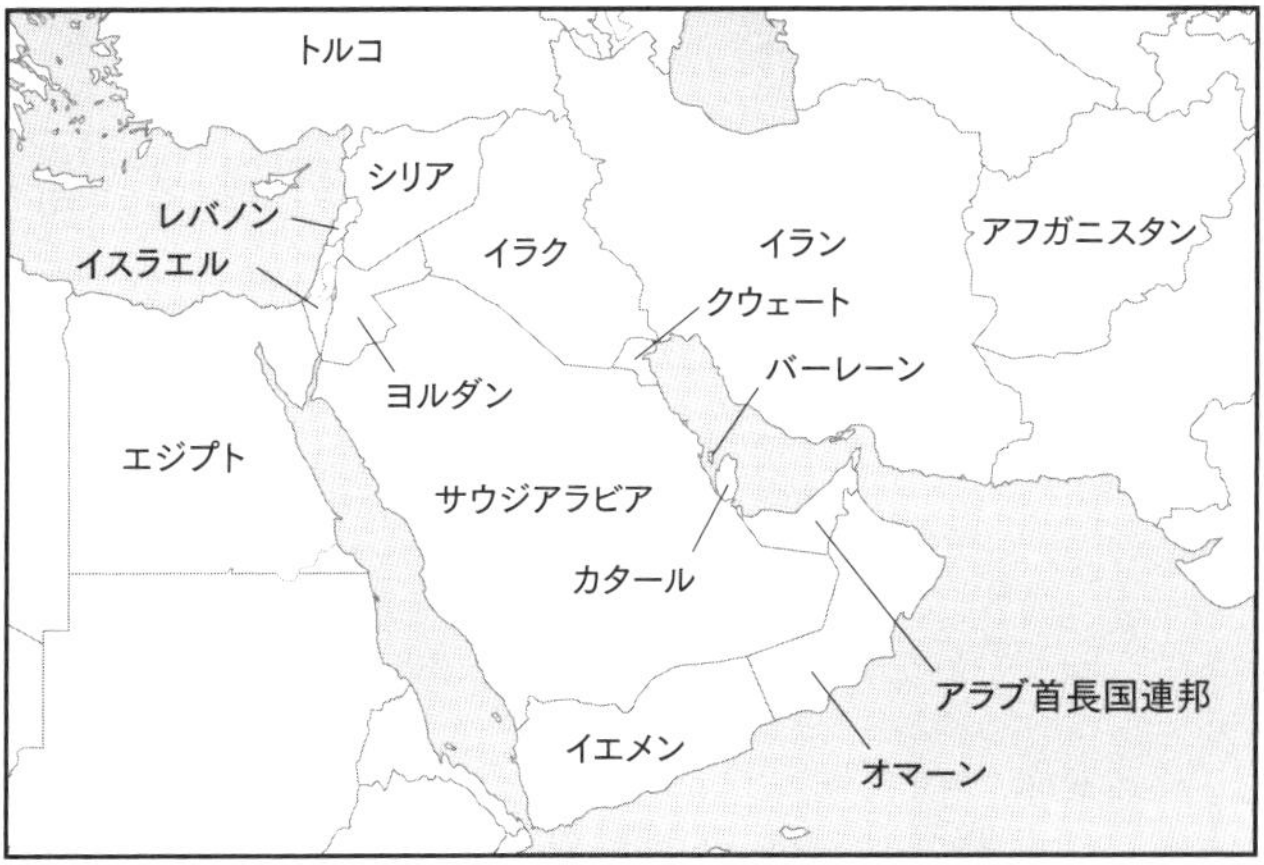

トルコ
シリア
レバノン
イスラエル
イラク
イラン
アフガニスタン
クウェート
バーレーン
ヨルダン
エジプト
サウジアラビア
カタール
アラブ首長国連邦
イエメン
オマーン

ガザ地区

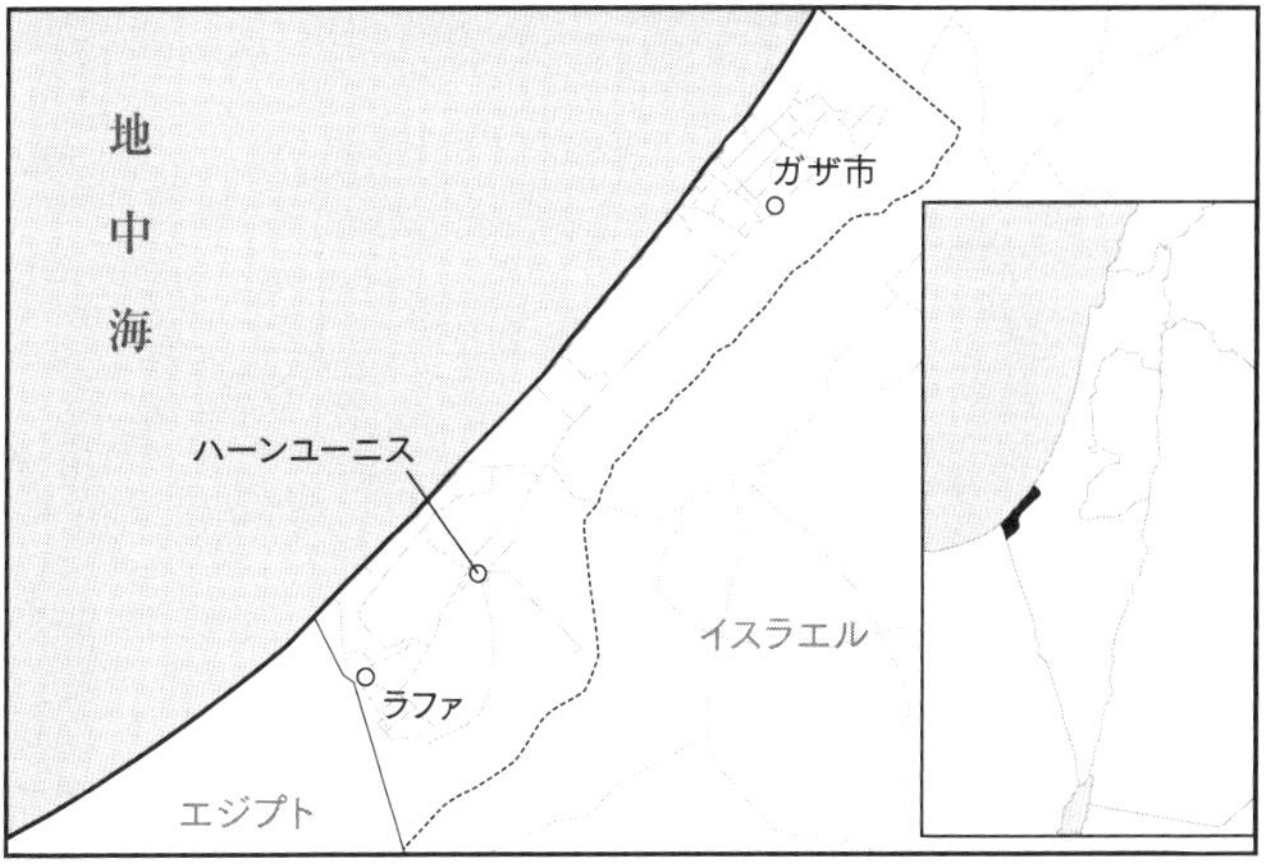

地中海
ガザ市
ハーンユーニス
イスラエル
ラファ
エジプト

●パレスチナ問題の歴史年表

	7世紀	16世紀～19世紀後半	20世紀
パレスチナ	イスラム教成立	**オスマン帝国による支配** イスラム教徒、キリスト教徒、ユダヤ教徒が共存 **パレスチナ入植**	**パレスチナ、イギリスの委任統治領に** **ユダヤ人の流入増加**
欧米諸国		**民族主義が広まる** ユダヤ人への迫害が強まる **帝国主義的発想** **社会主義的発想** → **シオニズム(シオニスト)**	**第一次世界大戦(1914)** イギリスの「バルフォア宣言」(1917) **第一次世界大戦終結(1918)** **国際連盟** **ドイツ、ナチスの政権成立(1933)**
周辺諸国		スエズ運河開通(1869) スエズ運河をイギリスが支配(1875)	フセイン・マクマホン書簡(1915～1916) **アラブの反乱(1916)** パレスチナ人の反発

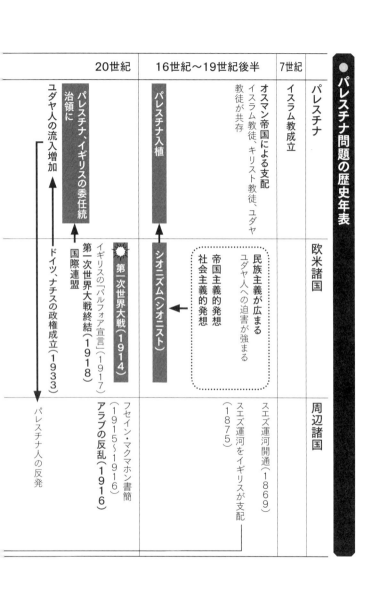

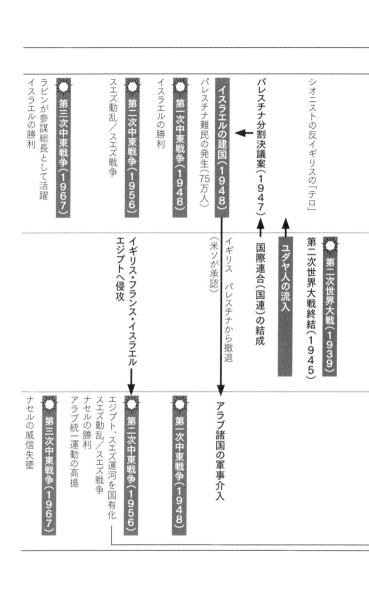

シオニストの反イギリスの「テロ」

パレスチナ分割決議案（１９４７）

イスラエルの建国（１９４８）

パレスチナ難民の発生（75万人）

第一次中東戦争（１９４８）

イスラエルの勝利

第二次中東戦争（１９５６）

スエズ動乱／スエズ戦争

第三次中東戦争（１９６７）

ラビンが参謀総長として活躍
イスラエルの勝利

第二次世界大戦（１９３９）

第二次世界大戦終結（１９４５）

ユダヤ人の流入

国際連合（国連）の結成

イギリス　パレスチナから撤退
（米ソが承認）

イギリス・フランス・イスラエル
エジプトへ侵攻

アラブ諸国の軍事介入

第一次中東戦争（１９４８）

第二次中東戦争（１９５６）

エジプト、スエズ運河を国有化
スエズ動乱／スエズ戦争
ナセルの勝利
アラブ統一運動の高揚

第三次中東戦争（１９６７）

ナセルの威信失墜

	20世紀
パレスチナ	**カラメの戦い（1968）** アラファト、PLOの議長就任（1969） **ヨルダン内戦（1970）** パレスチナ・ゲリラ対ヨルダン軍 **第四次中東戦争（1973）** イスラエル、エジプトにシナイ半島返還 **レバノン戦争（1982）** **第一次インティファーダ（大衆蜂起）の発生（1987）**
欧米諸国	第一次石油危機（1973） カーター政権発足（1977） **キャンプ・デービッド合意（1979）** ※平和条約の締結 レーガン政権発足（1981）
周辺諸国	**ヨルダン内戦（1970）** **第四次中東戦争（1973）** イラン革命状況（1978） **イランで革命政権の成立（1979）** エジプト、イスラエルと国交樹立 **レバノン戦争（1982）** イスラエルがレバノンに侵攻 ヒズボラの誕生

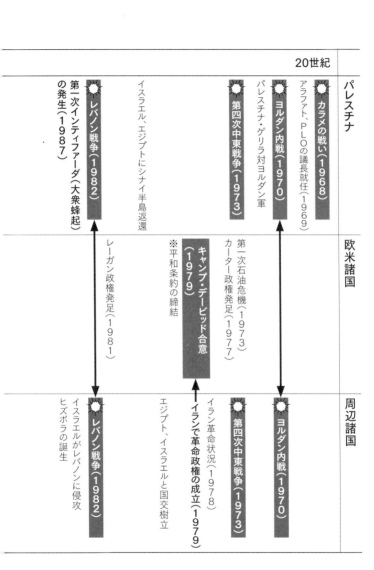

イスラエル総選挙・ラビン勝利（１９９２）
第二次ラビン政権の成立（１９９２）
インティファーダ終了
ラビン首相暗殺（１９９５）
第一次ネタニヤフ政権の成立（１９９６）
第二次インティファーダ（アル＝アクサ・インティファーダ）が起こる（２０００）
イスラエル軍レバノン全面撤退（２０００）

オスロ合意（１９９３）
※ホワイトハウスにてクリントン大統領の招きにより、ラビンとアラファトが、オスロ合意の調印式

湾岸危機（１９９０）
イラクがクウェートを占領
湾岸戦争（１９９１）
ヨルダン、イスラエルと国交樹立（１９９４）

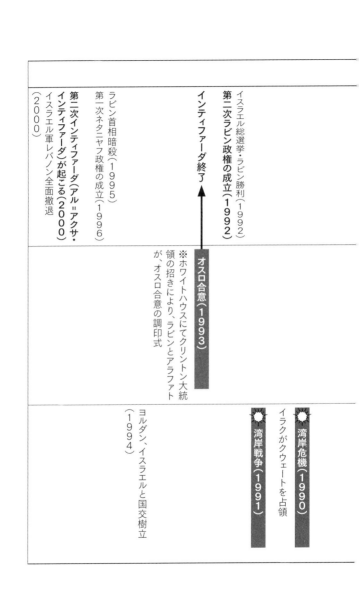

	21世紀
パレスチナ	アラファト死亡（2004） アッバースが暫定自治政府議長に（2005） **イスラエル軍のガザ撤退（2005）** **ハマスがパレスチナ総選挙で第一党に（2006）** ハマスがガザ地区を武力制圧（2007） **イスラエルがガザ侵攻（2008〜2009）** ガザ停戦。イスラエル軍がガザから撤退（2009） イスラエル総選挙、第二次ネタニヤフ政権の樹立（2009） **パレスチナが国連に加盟申請（2011）** ↓アメリカの反対
欧米諸国	**オバマ政権発足（2009）** ↓中東への関与は消極的に
周辺諸国	**イラク戦争（2003）** **独裁から民主化への波（アラブの春）** ↓チュニジアで政権崩壊（2011年1月） ↓エジプトで政権崩壊（2011年2月） ↓シリアで内戦化（2011年3月） ↓リビアで政権崩壊（2011年8月） ↓イエメンで政権交代・内戦（2011年11月）

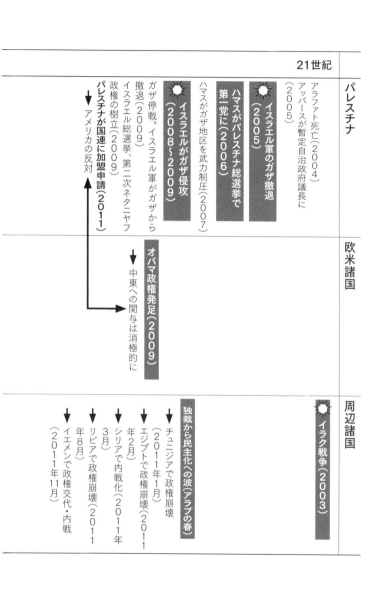

イスラエルがガザ侵攻（２０１２）

イスラエルがガザ侵攻（２０１４）

トランプが選挙中にイスラエル支持を公約（２０１６）

トランプ政権発足（２０１７）

トランプがエルサレムをイスラエルの首都と承認（２０１７）

米国がゴラン高原をイスラエル領と承認（２０１９）

バイデン政権発足（２０２１）

米国、イスラエル、UAE、バーレーンが「アブラハム合意」（２０２０）

↓目的はイラン包囲網

	21世紀
パレスチナ	**極右勢力を含むネタニヤフ政権の成立（2022）** イスラエルが入植地の拡大発表（2023） **10月7日、ハマスがイスラエルを奇襲攻撃（2023）** ↓ イスラエルがガザを空爆
欧米諸国	
周辺諸国	イスラエルとサウジアラビアが国交正常化のための交渉（2023）

― 1章 ―

「パレスチナ問題」とは、何がどう問題なのか?

紛争の根本を考える

▼パレスチナ問題は、なぜ解決が難しいと言われるのか？

パレスチナ問題は難しいと言われます。おそらく、みなさんもそう思い、この本を手にとっていただいているのでしょう。でも、順を追ってひも解いていけば、それほど難しくはありません。

そして、今回のイスラエルとハマスの戦争も、パレスチナ問題を理解することで、「なぜ戦っているのか？」という〝根っこ〟の部分が見えてきます。

まずは、パレスチナ問題を難しいと思わせている〝勘違い〟について話します。

一つは、パレスチナ問題が「イスラム教とユダヤ教の２０００年に及ぶ宗教対立」という言葉で語られていることです。しかし、この説明は間違いです。

なぜなら、イスラム教が成立したのは西暦６００年代だからです。つまり、イスラム教の歴史は１４００年ほど。ユダヤ教と２０００年間も対立しているわけではありません。

そして、もう一つの勘違いは、パレスチナという〝土地〟についてです。

パレスチナという土地はありますが、パレスチナという国はありません。そして、この〝パレスチナという土地〟にあるのは、「イスラエル」という国と「ガザ地区」と「ヨルダン川西岸地区」です。この3つが〝パレスチナという土地〟を構成しているのです。

まずは、このことを知っておいていただきたいと思います。

もともと、パレスチナ問題が発生する前、パレスチナの土地には、多くのキリスト教徒が住んでいました。つまり、パレスチナ人の多くはキリスト教徒だったわけです。

岩のドームと嘆きの壁

ですから、「イスラム教とユダヤ教の対立」と言ってしまうと、キリスト教徒が抜けてしまいます。これでは、キリスト教徒に失礼でしょう。

そもそも、キリスト教は、この土地で始まったものなのです。そして、今もこのパレスチナという土地には、キリスト教の教えを守り続けてきた人々が生活しています。

そして、さらなる勘違いが〝宗教の争い〟についてです。

現地では、「イスラム教が正しいのか、ユダヤ教が正しいのか？」という宗教論争がくり広げられているわけではありません。イスラム教徒も、ユダヤ教徒も、あるいはキリスト教徒も「自分の宗教は正しい」と思っていますが、他の宗教を信じる人々と「自分たちの宗教のほうが優れている」などと争うことはありません。

〝宗教対立〟という言葉が、そのような勘違いを生むのでしょうが、教義上の理由で争っているわけではないのです。

▼何を争っているのか？　いつ頃から争いが始まったのか？

では、「パレスチナ問題」とは、何が問題なのでしょう？　パレスチナでは、誰と誰が何を争っているのでしょう。そして、今まで続く争いはいつ頃から始まったのでしょうか。

簡単に言うと、「土地を巡る争い」です。パレスチナという土地を、誰が支配するか、という激しい争いなのです。

とくに問題となっているのは、「エルサレム」という土地です。

そして、土地だけでなく、水も争われています。「パレスチナの土地」と「パレスチナにある川の水や地下水」を誰が支配するか、ということを巡り、激しい争いがくり広げられているわけです。これが「パレスチナ問題」の本質です。

いつから争っているのか？　それは2000年も昔のことではなく、およそ130年前から始まりました。

1800年代の後半、つまり19世紀末に、ヨーロッパで生活していたユダヤ人たちが、パレスチナの土地に移り始めました。自分たちの国をつくるためです。

すぐに問題が発生します。なぜなら、パレスチナの地には、すでにそこで暮らしている人々がいたからです。この人たちを「パレスチナ人」と言います。

パレスチナ人は、驚愕《きょうがく》したことでしょう。自分たちが代々住んできた土地に、続々とユダヤ人が入り込んできて、「自分たちの国をつくる」と、勝手なことを言うわけですから。

そして、パレスチナ人と、この地にやってきたユダヤ人との間に紛争が始まりました。これが現在まで続く「パレスチナ問題」の発端です。そこからおよそ130年間、ずっと争いがくり広げられているわけです。

なぜ、ヨーロッパのユダヤ人たちは、19世紀末にパレスチナに移住しようとしたのでしょうか？

次項で説明しますが、この時、「自分たちの国をつくろう」と移住してきたユダヤ人の運動を〝シオニズム〟と呼びます。これは「シオン」と「イズム」（主義）を掛け合わせた言葉です。シオンとは、パレスチナにある「シオン山」のことで、その山の上の都市「エルサレム」の別名です。エルサレムは〝聖地エルサレム〟などと呼ばれますね。

何の聖地かは、後ほど話しますが、エルサレムは標高800メートルほどの高い丘の上に建てられています。シオニズムという言葉は、「そこに移住し、建国するのだ」というユダヤ人の願望を表すものと言ってよいでしょう。

▼ヨーロッパのユダヤ人は、なぜ移住しようとしたのか？

ヨーロッパで暮らしていたユダヤ人たちは、なぜパレスチナに移住したのか？

それは19世紀末のヨーロッパで、ユダヤ人に対する迫害が激しくなったからです。

背景には、ヨーロッパに「民族主義」が広まったことがあります。民族主義がユダヤの民への迫害を引き起こしたのです。

では、民族主義とは何なのか？　戦争とは切っても切り離せない考え方なので、知っておくとよいでしょう。

民族主義とは、ざっくり言うと、次のような考え方です。
①人類は「民族」という単位に分類できる。
②各民族は、独自の「国家」を持つべきである。
③個人は「民族の発展」のために貢献すべきである。
民族主義のイズムによれば、「個人の最高の生き方は、自分の民族と国家のために尽くすこと」であり、「自分の民族が国家を持っていない場合は、建国のために働くこと」となります。

そして、〝民族主義〟の考え方に取りつかれた人々は、「民族のため、国家のためなら大きな犠牲をいとわない。時には命さえもささげる」ようになってしまいます。「国のために死ぬ」という行為が、民族主義では最高の栄誉とされるのです。

では、民族とは、何なのでしょう？

それは「共通の祖先を持ち、運命を共有している」と考える集団のことです。たとえば、「日本人」ですが、日本人は民族という単位に当たります。他にも、中国人、ドイツ人、フランス人、ロシア人、イタリア人、スペイン人なども、民族と言えるでしょう。

民族という単位には、客観的な基準はなく、各構成員の〝思い込み〟で決まります。同じ言葉を話したり、同じ宗教を信じたりしていれば、「私たちは同じ民族だよね」と思い込みやすくなるわけです。

そして、民族主義が高まってくると、他の民族を排除しようとし始めます。19世紀末のヨーロッパが、まさにそうでした。多数派のキリスト教徒が、少数派のユダヤ教徒を排除する傾向が強まりました。

同じ国に住んでいながら「宗教が違う」という理由で、「ユダヤ人は他民族だ」としました。そして、ユダヤ人に対する迫害が厳しさを増していき、ユダヤ人たちは「自分たちだけの国をつくろう」と、パレスチナを目指したのです。

▼ユダヤ人は、なぜ移住先に「パレスチナ」を選んだのか？

実は、「なぜパレスチナにしたのか？」という問いに対し、簡潔に答えるのはとても難しいことです。なぜなら、長い歴史が積み重なり、複雑に絡《から》んでいるからです。

ですので、〝ざっくりと乱暴にまとめると〟とお断りしたうえでお話しします。

民族主義の高まりにより〝のけ者〟にされたユダヤ人は、次のように考えました。「宗教の違いで差別されない、自分たちだけの〝ユダヤ人国家〟をつくろう」と。

そして、ユダヤ人の考え方に賛同する人同志が、どんどん増えていきました。そこで問題になるのが、どこに国家をつくるのか？　ということです。

意外かもしれませんが、当初、ユダヤ人たちは「国家を建設する場所はどこでもいい」と考えていたようです。南アフリカやアルゼンチン、東アフリカなども考慮されました。

しかし、結局は、パレスチナの地が選ばれました。

なぜか？「パレスチナは先祖が生活していた土地だ」という認識がユダヤ人たちの間にあったからです。かつて、ユダヤ人の先祖たちが、エルサレムを中心とするパレスチナの地に住んでいたことは、みなさんも知っているでしょう。たとえば、次のような話です。

「ユダヤ教徒の先祖たちは、ローマによりパレスチナを追われた。そしてヨーロッパに離散した。その子孫がユダヤ人である」と。

さらに時代を遡《さかのぼ》った出来事は『旧約聖書』にも記されています。内容をかいつまむと、このような物語になります。

「モーゼがエジプトからヘブライ人を引き連れて紅海を渡った。そして、ヘブライ人はパレスチナに入り、先住の人々を征服し、王国を建設した。ダビデ王の時代に、王国は栄えた。これがイスラエル王国であり、ダビデ王の子ソロモンが壮麗な神殿を建設したのは、紀元前10世紀のことだ。しかしイスラエル王国は、次第に分裂し、弱体化していく。

そしてパレスチナの地は、ローマ帝国の支配下に入る。ローマの支配に対し、ユダヤ人は何度も反乱を起こすが、そのたびに鎮圧され、最終的にはエルサレムから追放されてしまう。西暦70年のことであり、以降ユダヤ人は世界各地に散らばった」と。

右が一般的な〝世界史の常識〟です。そして、世界各地に散ったユダヤ人は、再び祖先が住んでいた土地を目指したのです。ちなみにこの認識を覆《くつがえ》す書物がシュロモー・サンドによって『ユダヤ人の起源　歴史はどのように創作されたのか』というタイトルで出版されていますが、ここでは、話が複雑になるため割愛します。

▼パレスチナに移住したシオニストたちはどうしたか?

「自分たちの国をつくろう」と移住してきたユダヤ人の運動を〝シオニズム〟と言うことは前にも話しました。そして、シオニズム運動に賛同する人々を〝シオニスト〟と呼びます。

しかし、どう考えても不思議なのは、身勝手なシオニストたちの発想です。

彼らは「人々のいない国を、国のない人々に」というスローガンの下で、パレスチナへの移住を進めようとしました。以前から住んでいる人間の都合などは、まったく考慮せず、自分たちの都合だけで動いてしまう。なぜ、こうした発想が出てきたのでしょうか？

シオニストたちの〝御都合主義〟には、先ほど話した「民族主義」と併《あわ》せ、「帝国主義」という時代風潮があります。

帝国主義とは、大国が武力で脅して他の国に侵入し支配することです。19世紀末には、ヨーロッパの大国やアメリカが、アジア、アフリカ、ラテンアメリカを自分たちの都合だけで自由に分割し、支配しようとしていました。

当時、シオニストたちが先住の人々のいるパレスチナに「国家建設」を押し進めたのは、吹き荒れる帝国主義の風に乗じてのことだったのです。

パレスチナに移ってきたシオニストたちは、ではどうしたか？

意外ですが、パレスチナの地主たちから土地を購入し、農業を始めたのです。しかし、手に入れた農地ではもともと、パレスチナの農民が、パレスチナ人の地主の下で働いていました。当然ですが、貧しいパレスチナの農民たちは、土地を追われることになりました。

普通なら、農地を購入したユダヤ人は、オーナーとして居つき、農民を雇うはずです。ところが、移住してきたユダヤ人たちは新たな地主にはならず、自らが農民になったのです。

なぜか？　理由は、ヨーロッパにおけるユダヤ人社会の〝いびつさ〟だと思われます。

当時のヨーロッパでは、「農民が多数で商人は少数」というのが普通の社会構造でした。ところが、ユダヤ人の場合は逆でした。農民が少なかったのです。ユダヤ人は「ゲットー」と呼ばれる地区に住むことを強制されていました。土地を所有したり、農業に就いたりすることを許されない場合が多かったのです。

ユダヤ人の伝統的な仕事は、金融業や商売人、仲買人、医師、弁護士、研究者、芸術家、音楽家などでした。組織に頼らず〝自分の才覚のみ〟で生きていたわけです。そして〝商人のなりわい〟であることが、ユダヤ人が差別される原因にもなっていました。

新天地を得て、ユダヤ人たちは今までできなかった〝地に足のついた〟農民のいる国家建設に憧れていたのです。

▼なぜパレスチナは、ゆがんだ社会構造になったのか？

パレスチナに移住したシオニストたちは、ヨーロッパにおけるユダヤ人社会の〝いびつさ〟を矯正しようとしました。

たとえて言うなら、ヨーロッパのユダヤ人社会は、地に足のついていない不安定な逆三角形です。このためシオニストたちは、新天地のパレスチナでは、普通の三角形の社会をつくろうと望んでいました。「農業」と「土地の所有」に大きな価値を置いたのです。

彼らは「自ら農作業に従事すること」と「土地を購入すること」を大切にしました。シオニストたちは不在地主などから土地を購入すると、そこに「キブツ」と呼ばれる共同農場などを組織して、共同作業に従事しました。そこでは、土地や家屋などの不動産を含めて大半の財産が共有され、各人は最低限の私有財産しか持ちません。子ど

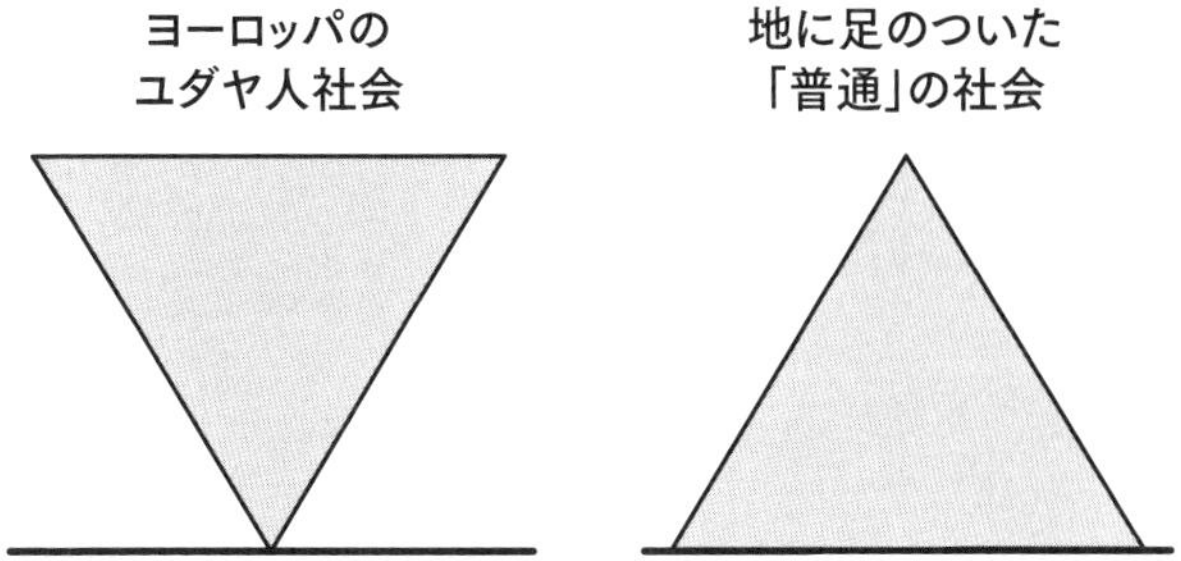

ユダヤ人社会には地に足のついた農民が少なく、組織に頼らず自分の才覚のみで生きていた

当時のヨーロッパでは、地に足がついた農民の生活が安定したものと考えられていた

もたちの教育も、組織全体の責任で行いました。

ユダヤ人が自ら農業に従事し、パレスチナ人を雇用しなかったので、進んだヨーロッパの農業技術とパレスチナ人の労働力が結びつくこともありませんでした。結果、ヨーロッパの〝飛び地〟とも言えるキブツなどの農場が、伝統的なパレスチナ社会と交わることなく併存したのです。

シオニストたちの一連の行動の背景には、当時のヨーロッパにおける〝知的な風潮〟の「社会主義」がありました。社会主義思想は、搾取を、つまり何も持たない人を安い賃金で雇うことを悪と考えます。理想は「搾取なき社会」であり、搾取によって豊かになることに否定的です。社会主義が、前述の「民族主義」「帝国主義」と併せて3つの大きな追い風となり、シオニストたちを突き動かしていたわけです。

ヨーロッパの生活を捨てて、パレスチナの新天地を目指したユダヤ人たちの背景には、大きな時代の潮流があったことは知っておくべきでしょう。

いずれにしても、現在ではパレスチナの大部分はもはやパレスチナ人たちのものではなくなりました。パレスチナ人たちは、だんだんと追いつめられ、排除されていきました。

ヨーロッパの〝いびつな社会〟を矯正しようとしたユダヤ人は、皮肉なことに、先住の人々から土地を奪ってパレスチナを新たな〝ゆがんだ社会〟にしてしまったのです。

▼パレスチナは、そもそも誰のものなのか？

ではシオニストたちが移住してくる前、パレスチナはそもそも誰が支配していたのでしょうか？

簡単に答えるのは不可能です。なぜなら、パレスチナの地は、多くの「征服者」と、同じ数だけの「被征服者」の歴史が積み重なって成立しているからです。積み上げられた歴史の層の一つ一つを語り始めれば、何冊もの本ができてしまうでしょう。

本書では、シオニストが移住する直近のことに限定してお話しします。

パレスチナを支配していたのは、オスマン帝国という〝巨大な国〟でした。

オスマン帝国は、現在のトルコのイスタンブールに首都を置き、ヨーロッパ、アジア、アフリカの広大な領域を支配していました。

オスマン帝国は16世紀にパレスチナを支配下に置きました。帝国領パレスチナでは、イスラム教徒、キリスト教徒、少数のユダヤ教徒もいましたが、争いはなく、仲良く暮らしていました。

その平穏な地に、シオニストたちがやってくるのです。彼らは、これまで話したような「大きな風」に乗り、「故郷」を目指すことになったのですが、当然、無計画なわけではありません。

まずは、オスマン帝国の支配者である「スルタン」と呼ばれる人物を説得しようと

しました。説得は、うまくいきませんでした。それでも、土地を買いとって小規模な移住を始めました。それが19世紀末、1890年代後半のことです。

しかし、1914年には第一次世界大戦が始まります。イギリス・フランスなどの「連合国側」と、ドイツ・オーストリアなどの「同盟国側」の戦争です。オスマン帝国は、「同盟国側」に付きました。

イギリスは、オスマン帝国を混乱させようと目論みました。イギリスは、オスマン帝国支配下のアラブ人に反乱を呼びかけたのです。しかし、アラブ人もタダでは動きません。このため「戦争に勝利した後には、パレスチナを含むアラブ人の住む地域にアラブ人の独立国家をつくる」と約束したのです。1915年から翌16年にかけてのことでした。

この件については、アラブ人の指導者であるメッカの名家のシャリーフ・フセインとイギリスの政治家マクマホンの間で書簡が交わされました。歴史上「フセイン・マクマホン書簡」として知られています。ちなみに、このフセインというのはイスラム教徒に多い名前の一つです。後のイラクのフセイン大統領とメッカのフセインの間には何の血縁関係もありません。

イギリスとの約束を踏まえて、アラブ人は反乱を起こしました。これを「アラブの反乱」と呼びます。『アラビアのロレンス』という映画で、この戦争がイギリスの視点から描かれています。

イギリスは、さらなる手を打ちます。シオニストたちにも戦争への協力を求めました。味方に付いてくれたら「戦争に勝利した後には、パレスチナに国家をつくることを認める」と約束するのです。当時のイギリスの政治家の名をとって「バルフォア宣言」と呼びます。1917年のことでした。

つまり、イギリスは、アラブ人とシオニストの両方に、「パレスチナにお前たちの国をつくっていい」と約束したわけです。これをイギリスの「二枚舌外交」と言います。

▼イギリスの「三枚舌外交」とヨーロッパのユダヤ人

ところが、イギリスのしたたかさは、二枚舌にとどまりません。

1916年に、フランスとも密約をかわしたのです。「オスマン帝国のアラブ人地域をいただき、そこをイギリスとフランスで山分けしよう」と。

この約束には、具体的な分割案も示されました。「オスマン帝国のアラブ人地域のうち、（現在の）シリアとレバノンはフランスの勢力範囲に、イラク、ヨルダン、パレスチナはイギリスの勢力範囲に」と定められたのです。

つまり、パレスチナの地を、アラブ人とシオニストの両方に約束しただけでなく、その裏では、「自分のものにしてしまおう」と目論んでいたわけです。二枚舌どころか〝三枚舌外交〟を展開していたわけです。

結果、どうなったか？

1918年に第一次世界大戦が終わります。大戦後、パレスチナは、イギリスの支配する地域となりました。具体的には、「パレスチナはイギリスの委任統治領」と定められました。第一次世界大戦後に発足した国際連盟の〝委任〟を受けて、イギリスが〝統治する〟という国際的な取り決めです。

実質上は、イギリスの領土となったわけですが、20世紀に入った当時は、さすがにあからさまな植民地支配をすることはできず〝委任統治〟という名目が使われたのです。

アラブ人とシオニストに約束した土地は、こうしてイギリスが手に入れたのでした。シオニストたちは、「ユダヤ人のパレスチナへの移民を許可してほしい」とイギリスに働きかけ、イギリスは消極的ながらもそれを許しました。

しかし、シオニストたちがユダヤ人をパレスチナに送り込もうと努力している割には、実際の動きは低調でした。ヨーロッパのユダヤ人の多くは、シオニズムに同調していなかったからです。

多くのユダヤ人は、ドイツやイギリス、フランスでの生活を捨てようとはしませんでした。成功している人間の場合はとくにそうでした。各国のユダヤ人を集めて「ユダヤ民族」と呼び、「ユダヤ人の国をつくろう」という考え方に否定的だったのです。

考えてみれば当たり前の話でしょう。たとえば、日本にも、アジアの国々にも仏教徒がいますが、「みんなで集まって仏教人の国をつくろう」と言われても、参加する人が少ないのは当然です。ユダヤ人のすべてが、シオニズムの動きを支持したわけではないのです。

▼ナチスの台頭と第二次世界大戦

ところが、１９３０年代に入ると、シオニズムを巡る動きは一変します。

ナチスが台頭してきたからです。ヨーロッパからユダヤ人を押し出す圧力が強まりました。ナチスは「神は世界で一番優秀な民族としてドイツ人をつくられた」と主張し、１９３３年に政権を取りました。ナチスの言い分は次のようなものです。

「民族の優秀性は、強さによって証明されている。古来、ドイツ人は強い民族として知られてきた。にもかかわらず、ドイツ人は国内にユダヤ人の存在を許し、ユダヤ人と混じり、優秀な民族の血の純潔を汚してきた。冒瀆《ぼうとく》に対する神の罰が、第一次世界大戦でのドイツの敗北であった」と言うのです。

こうして、ドイツ国内ではユダヤ人への差別が激しくなり、排除が始まりました。

また、強いはずのドイツが敗れたのは、ユダヤ人が裏切ったからでもあると主張しました。背後からナイフで、ユダヤ人がドイツを突き刺したと宣伝したのです。

脱出したユダヤ人に対し、各国は国境を閉ざし、積極的に受け入れる国はありませんでした。やむなく、ユダヤ人たちはパレスチナに流入し始めたのです。

シオニストたちが力を注いでも成し得なかった「ユダヤ人をパレスチナに送り込む」という難事業を、皮肉なことに、迫害者ヒトラーが一気に達成させました。

資本と技術をもったユダヤ人がドイツから移住してくると、パレスチナのユダヤ人社会は大いに発展します。象徴的なのは、1936年にできたパレスチナ管弦楽団でしょう。これが現在のイスラエル・フィルハーモニー管弦楽団に成長します。

しかし、ユダヤ人社会の発展は、現地のパレスチナ人の反発を引き起こし、両者の摩擦は次第に激しくなっていきました。パレスチナ人の軍事的な蜂起などもありましたが、イギリスによって厳しく弾圧されました。

そして、第二次世界大戦が始まります。1939年の開戦当初は、ドイツとイタリアを中心とする「枢軸国」が優勢に立ち、イギリスやフランスなどの「連合国」を圧倒しました。

ドイツはフランスを撃破したのを始め、ヨーロッパ大陸の広大な地域を占領しました。ドイツはその支配地域で、ユダヤ人の絶滅政策を開始します。ヨーロッパの各地に強制収容所が建設されました。

ポーランドの「アウシュビッツ」はみなさんも、よくご存じでしょう。収容所にはユダヤ人などが送り込まれ、ガス室などでの大量虐殺が行われました。失われた命は、最終的には1200万人にも達しました。半分の600万人はユダヤ人でした。

▼イギリスの放棄と国連による分割案

開戦当初は勢いのあったナチス・ドイツですが、やがて連合国側が反撃します。そうすると、占領地が解放され始め、強制収容所での虐殺の実態が次々と明るみに出ました。これには、世界中が大変なショックを受けました。そして、ユダヤ人に同情的な国際世論が生まれたのです。

1945年、第二次世界大戦が終結すると、ヨーロッパで生き残ったユダヤ人たちは、パレスチナを目指しました。

その頃、パレスチナの情勢はどうなっていたのでしょう？

第二次世界大戦に関しては、中東の人々の大半がドイツ寄りでした。イギリスやフランスの支配下にあった人々が、ドイツに味方するのは自然の流れと言えるでしょう。

しかしながら、パレスチナのユダヤ人社会は、イギリス寄りでした。ユダヤ人を迫害しているナチス・ドイツと戦うイギリスに味方するのは、これまた自然な流れです。仮にドイツが勝利したら、最悪の場合は、ユダヤ人の全滅もあり得るからです。

ところが、第二次世界大戦が終わる頃、流れが変わりました。連合国側の勝利が確実になると、パレスチナのユダヤ人たちは、反イギリスに転じたのです。

なぜか？　ユダヤ人たちは、イギリスを追い出し、パレスチナに自分の国を建設したいと考えたからです。

このため、パレスチナに住むユダヤ人たちは、イギリス軍に対してゲリラ攻撃を開始しました。つまり、イギリスはシオニストたちに「テロ攻撃」を受けたわけです。

シオニストの攻撃によって被害が大きくなると、イギリスはパレスチナの放棄を決めました。イギリスは国際連盟から「パレスチナの委任統治」を任されている立場なので、放棄することは、国際連盟に「パレスチナを戻す」ということになります。しかし、第二次世界大戦によって国際連盟は消滅していたため、それに代わる「国際連合」（国連）に「パレスチナ問題」を預けることになったのです。

国連では、1947年に「パレスチナ分割決議案」が提示されました。

この提案は、パレスチナを3つに分けるというものです。「海岸部分」はユダヤ人に、「内陸部分」はパレスチナ人に、そしてユダヤ教、キリスト教、イスラム教の「3つの宗教の聖地であるエルサレム」は国際管理地にする、という内容です。ユダヤ人とパレスチナ人による土地の争いなのだから、パレスチナの土地を分割すればいい、という発想から出た提案です。

▼イスラエルの建国

国連は「パレスチナの分割案」を賛成多数により、可決しました。

可決を後押ししたのは、ユダヤ人に同情的な国際世論でした。そして、この決定を受け、一方でシオニスト側は、1948年に「イスラエルの建国」を宣言しました。そして米ソ両国がこの新国家を承認しました。

他方、パレスチナ人や周辺のアラブ諸国は、分割決議案を拒絶します。そもそもパレスチナは、パレスチナ人の土地なのです。それなのに、「その半分をユダヤ人に与える」というのは受け入れられなくて当然です。しかも、可決を決定したのは欧米を中心とする国際社会であり、当事者たちではないのです。さらに言えば、シオニストたちがこの時点で所有していた土地は、パレスチナ全土のほんのわずかです。

当時の土地所有を示す地図を52ページに掲載しました。シオニストたちの所有地（白く示された部分）はほんのわずかで、大部分はパレスチナ人の所有地だったのです。

ところが、国連の分割決議案は「パレスチナの55％」をシオニストに割り当てているのです。人口にしても、ユダヤ人の人口は約65万人、パレスチナ人は100万人以上でした。少ない人口のほうに、半分以上の土地を与えているわけです。

これでは、パレスチナ人やアラブ諸国が決議に反対するのも当然と言えます。

案の定、パレスチナ人を支持する周辺のアラブ諸国は、軍隊を送って、イスラエル

●イスラエル建国前の1946年のパレスチナ

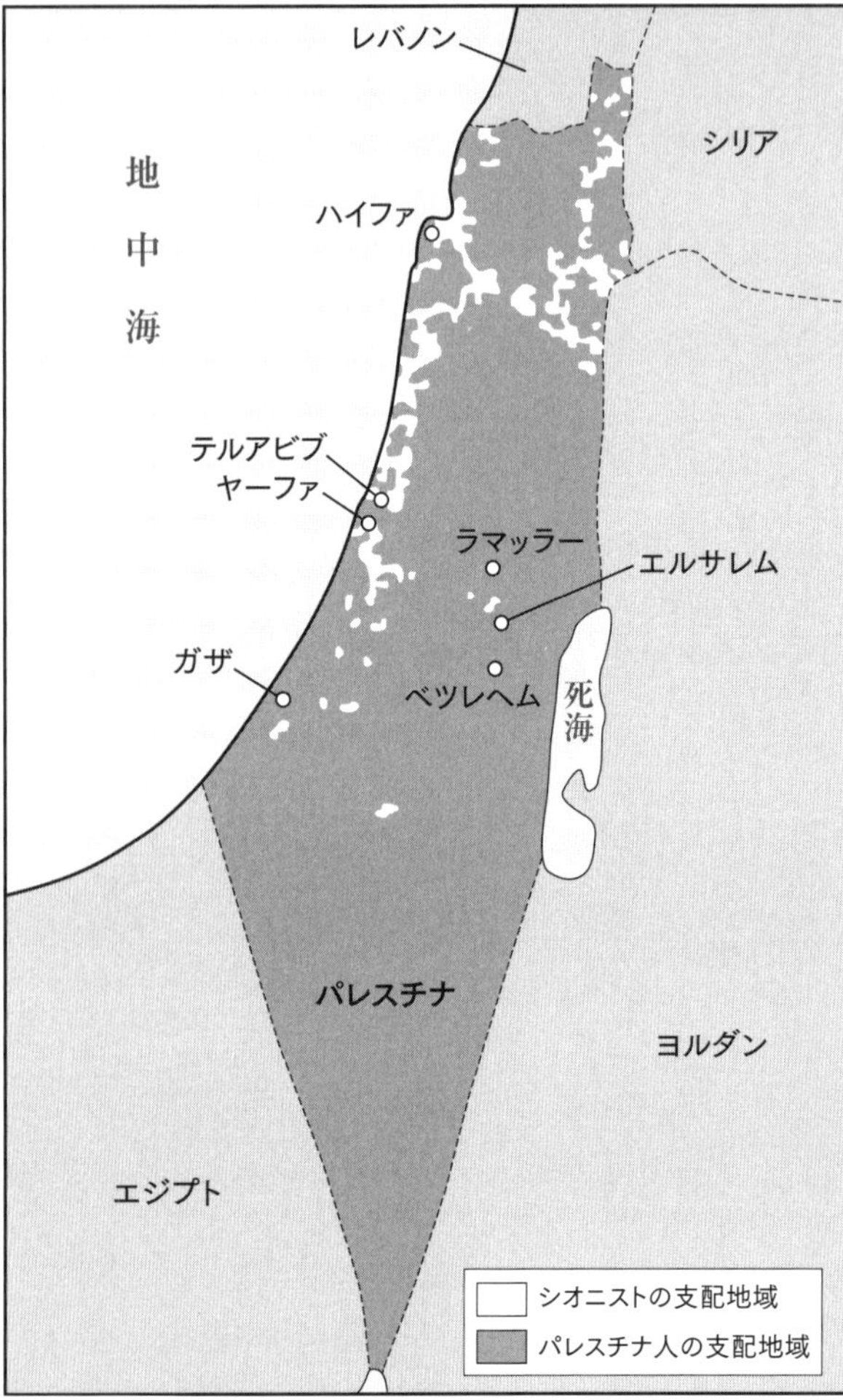

＊特定非営利活動法人パレスチナ子どものキャンペーンのHPなどから作成（P52〜54）

●1947年の国連分割決議案

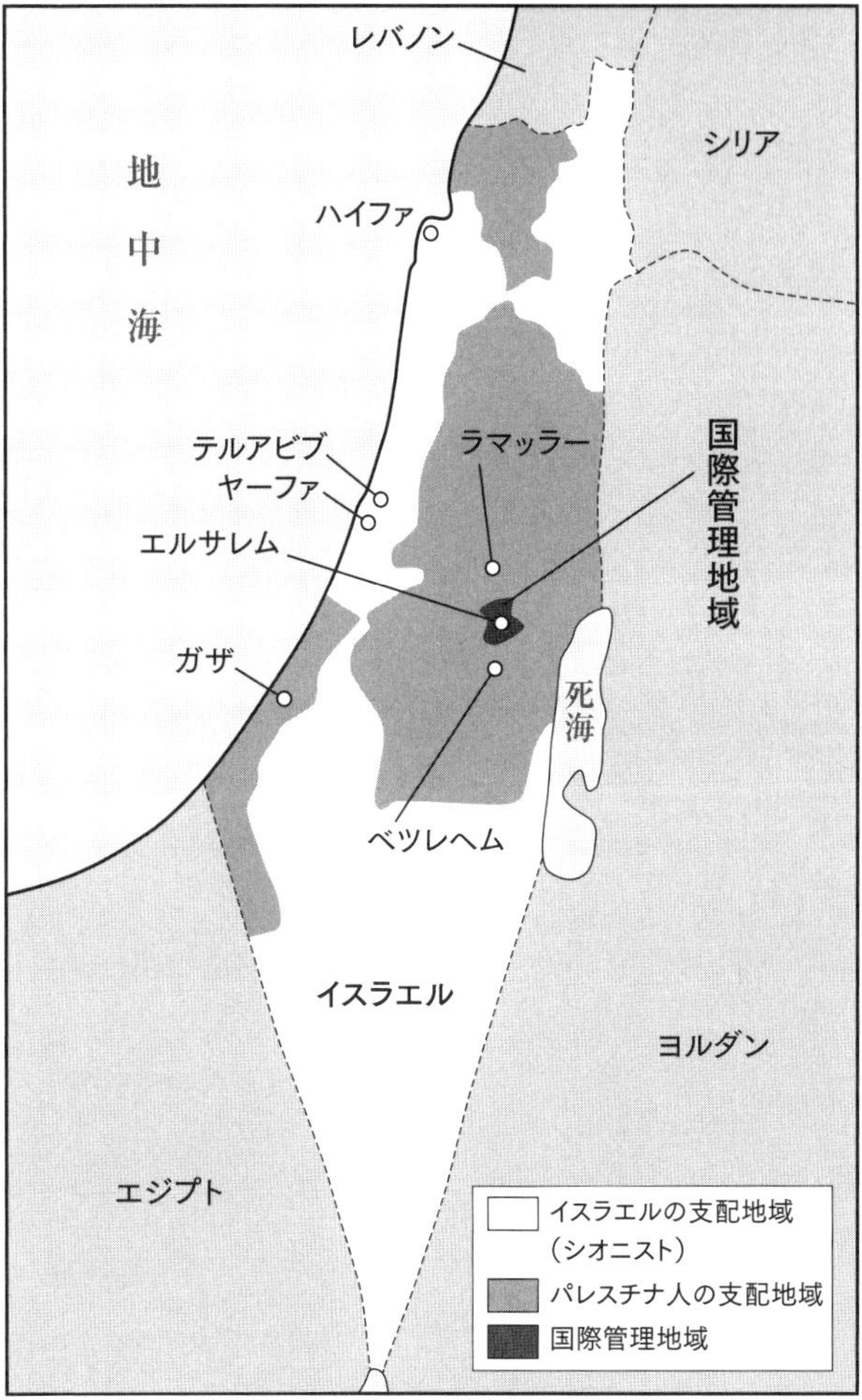

第一次中東戦争後のパレスチナ

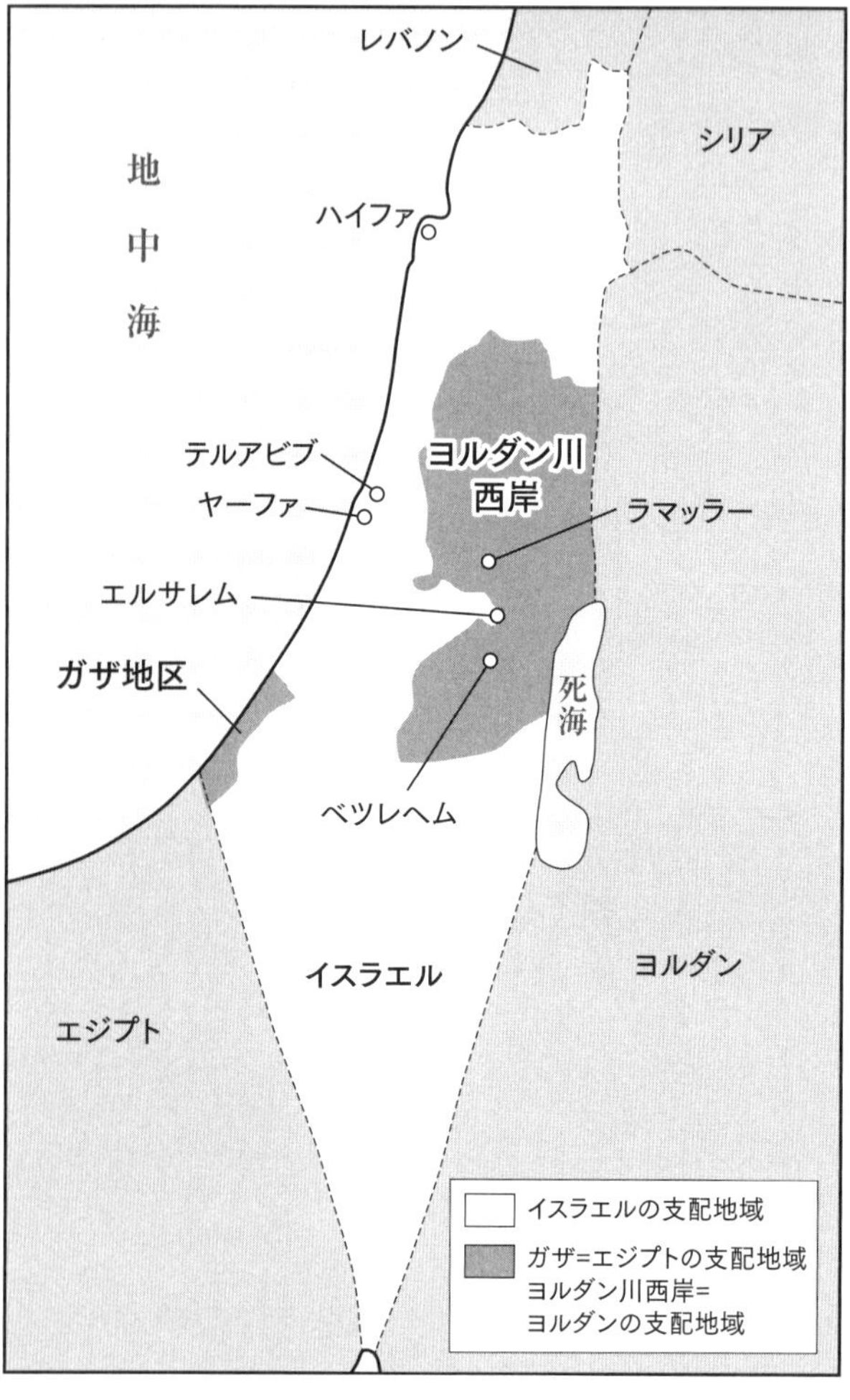

と戦いました。第一次中東戦争の勃発です。

しかし、シオニストたちは戦闘に勝利し、新生イスラエルを死守しました。それどころか、戦争が終わった時には、イスラエルは、国連決議が割り当てた以上の土地を支配していたのです（54ページの地図参照）。

結果的に、パレスチナ全域の約78％をシオニストが制圧しました。残りの22％が西南の「ガザ地区」と、北東の「ヨルダン川西岸地区」です。しかも、ガザ地区はエジプトが、ヨルダン川西岸地区はヨルダンが支配下に置きました。

こうしてシオニストの夢は実現しました。しかし、パレスチナ人にとっては「故郷の喪失」という悪夢が始まったのです。

▼故郷を追われたパレスチナ人と加害者となったイスラエル

イスラエルの成立によって、およそ75万人のパレスチナ人が、自分たちの土地を失いました。ヨーロッパで迫害を受けたユダヤ人が、イスラエルという国をつくり、その結果として、パレスチナの人々を追放したのです。

ヨーロッパ諸国はイスラエルを支援しました。ヨーロッパで迫害を受けたユダヤ人は、確かに被害者ですが、今度は、パレスチナ人を追い出した加害者となりました。

イスラエルのある平和活動家は、状況を次のように表現しています。

「燃える家の2階から飛び降りたら、下を通りかかった人がいて、その人がケガをした」と。

燃える家はヨーロッパです。仕方なく飛び降りた人はユダヤ人、巻き添えでケガをしたのがパレスチナ人です。

いずれにしても、こうして1948年にイスラエルが成立し、以来、「パレスチナ難民問題」が70年以上も続き、今に至っているというわけです。

イスラエルは、パレスチナ難民が故郷に戻るのを妨げるだけでなく、難民の残した家や土地を没収し、新たにヨーロッパや中東各国から移民してきたユダヤ人に与えました。

あらためて経緯や事実を知ると、イスラエルとハマスの今回の戦いの〝根っこ〟も見えてくるでしょう。

1956年には「スエズ戦争」と言われる第二次中東戦争が、さらに、1967年には第三次中東戦争が起こりました。第三次中東戦争では、イスラエルがエジプト、ヨルダン、シリアに勝利しました。エジプトからはガザ地区を、ヨルダンからはヨルダン川西岸地区を奪い、パレスチナの地のすべてがイスラエルの支配下に入ったのです。

さらにエジプトからはシナイ半島を、シリアからはゴラン高原を奪いました。

イスラエルが新たに支配下にした、ガザ地区、ヨルダン川西岸、シナイ半島、ゴラン高原は、国際法上は「占領地」とされます。しかし、ユダヤ人は奪った占領地に移り住み始めました。

これを「入植」と呼び、占領地でユダヤ人が住んでいる地域を「入植地」と呼びます。この戦争以降、今もなお、入植地は拡大を続けているのです。なおシナイ半島のみは、その後エジプトに返還されています。

▼ホロコーストの記憶がイスラエル軍を強くする

第三次中東戦争は、わずか6日間で、イスラエル軍が勝利しました。なぜ、それが可能になったのか？　少し横道に逸《そ》れますが、イスラエルの強さの秘密に迫ってみましょう。

第三次中東戦争における主要装備は、アラブ側がソ連製、イスラエル軍はフランス製でした。しかし、イスラエル圧勝の要因は「兵器」の差ではなく、「兵員の質」と「組織力」の差によるものと考えられます。

根底にあるのは、ナチスによるホロコースト（ユダヤ人大量虐殺）を含め、長い歴史の中で虐げられ、迫害されてきた記憶かもしれません。常に敵意に満ちた隣人に囲まれて生きてきたため、「安全保障」や「防衛」という面には特別に敏感なのです。

イスラエルの防衛の重責を担っているのは、女性も含む〝国民皆兵の市民軍〟です。18歳になると、男性には32か月、女性には24か月の兵役義務があります。また、終了後も、最長49歳まで、男女とも〝予備役〟に編入され、年に一定の日数の訓練を課せられるのです。ちなみに、アラブ系の市民は徴兵を免除されます。これはユダヤ人が彼らを信用していないからでしょう。

2023年の段階で、正規軍の兵力は約17万人。これがいかに多いかは、日本の陸上自衛隊が約14万人であることからも明白です。人口1000万人弱のイスラエルが、人口1億2330万人(2023年のデータ)の日本の陸上自衛隊より多くの兵員数を持っているのですから。しかも実際の徴兵のベースになるのは750万人のユダヤ人だけです。

さらに、緊急時には、46万5000人の予備役が召集される仕組みになっています。予備役の動員が完了するまでは正規軍の〝職業軍人たち〟が先頭に立ち、盾となって戦います。将校のスローガンは「俺に続け!」です。したがって、将校の死傷率が高いと言われます。

人口が少なく、予備役を動員せざるを得ないイスラエル軍の体質からすると、先制攻撃による短期決戦が基本戦略となります。長期戦になれば、経済が成り立たなくなるからです。長期にわたって臨戦態勢を敷くことになれば、国内のGDPはたちまち下がり、敵に滅ぼされる前に内部から崩れていってしまうでしょう。

したがって、いやがおうでも先制攻撃をしかける動機が高まります。今回のハマスとの戦争では、逆に先制攻撃を受けてしまいました。それゆえ指導層が厳しく批判されているのです。

▼自分の安全は自分で守る

イスラエルの国防観の根底には、「自らの運命を他人にゆだねない」という考え方があります。ナチスのガス室などで600万人のユダヤ人が殺された際に、誰も助けに来てくれなかった。そうした経験は、「自分の安全は自分で守る」という思考につながったのです。

また、イスラエルの若い世代には、殺される羊のように無抵抗にガス室に引かれていったユダヤ人への反発もあります。「なぜ、もっと抵抗しなかったのか？　結果的に虐殺されたとしても、抵抗すればナチスの弾丸を消費させられたではないか」という心情です。

もちろん、絶望の中で英雄的な蜂起をしたユダヤ人もいますし、抵抗したところでどれだけ意味のあることができたかはわかりません。でも、今のイスラエルの国民の中には、過去の人々へ哀悼の意を持ちながら、同時に批判の気持ちを抱いているのも事実なのです。

そして、あたかも埋め合わせでもするかのように、強力な軍事力を育成してきたわけです。差別され、ゲットーに閉じ込められ、武力を持たず、キリスト教社会にもてあそばれてきたユダヤ人の歴史への反動として、イスラエル国防軍は存在しています。

▼CIAをも凌ぐモサド

イスラエルの強さの秘密は、情報収集能力なくして語れません。その象徴は、スパイ小説などでもお馴染みの「モサド」と呼ばれる諜報機関でしょう。

たとえば、1967年の第三次中東戦争で、イスラエルはシリアのゴラン高原を難なく奪い取りましたが、これも諜報活動の成果です。シリアの上層部に食い込んでいたスパイによって、シリア軍の配備が詳細に、正確にイスラエル軍に伝えられていたのです。

強力な諜報力が、アメリカのＣＩＡ（中央情報局）さえ凌《しの》ぐ場面も過去にはありました。国家の存亡をかけて情報集積と分析を行っているからですが、理由にはイスラエルという国の特殊性もあります。イスラエルには、世界各地からユダヤ人が集まってきているため、各国の言葉を話し、各国の習慣に詳しい人間が多い。スパイとして、情報分析官として、有能な人材に恵まれているのです。

しかし、モサドは有能ではあっても、万能ではありません。限られた人材と資源でやりくりをしてきたため、必ずしもすべての潜在的な敵を研究できるわけではありません。

２０２３年10月7日、ハマスが奇襲を成功させましたが、それはモサドの限界を露呈することにもなりました。過去にも、同じような失態を演じています。

たとえば、１９８２年にＰＬＯ（パレスチナ解放機構）を壊滅させるために、イスラエルはレバノンに侵攻しました。この時、モサドは、レバノンの内政に関する十分な情報を持っていませんでした。レバノンとの戦争をイスラエルが想定してこなかったからです。予算と人的資源が十分ではないイスラエルでは、全方位の諜報活動はできないのです。

その意味では、イスラエルにとって、最も効率のよい諜報活動は、他の国が得た情報を盗み出すことです。全世界で大規模に諜報活動をしている国の情報を横取りする。つまり、アメリカの収集した情報を入手できれば、これほど効率のよい諜報活動はないわけです。

事実、イスラエルは実行していました。1985年、アメリカ海軍に所属する軍人が、イスラエルに情報を流していた容疑で逮捕されました。つまり、アメリカ軍人は、イスラエルのスパイだったのです。

アメリカはイスラエルの友好国であり、多大な援助をしてきましたが、友好国を裏切る形でイスラエルは諜報活動をしていたわけです。まさに〝仁義なき戦い〟です。小説や映画に出てくるような、諜報活動の実態を、この事件は世界の人々に知らしめたのです。

イスラエルにはモサド以外にも、国内と占領地の諜報を扱う「シンベト」と呼ばれる機関や軍の諜報機関「アマン」などがあります。彼らの諜報力も、侮《あなど》れません。たとえば占領地のパレスチナ人の住所や電話番号を掌握していて、建物を爆撃する前に、しばしば何分後に爆撃するので避難するようにと住民にメッセージを送ってくるほどです。

これがイスラエルが、軍事行動は民間人を巻き込まないように細心の注意を払って行っていると主張する根拠の一つとなっています。イスラエル軍は「世界で、いちばん道徳的な軍隊」だと自称しています。

しかしながら、常に事前通告をして爆撃するわけではありません。また今回のガザへの爆撃では、地域全体に避難するようにとビラを撒く例は多かったのですが、特定の建物の住民にメッセージを送る例は少なかったようです。これが、イスラエル軍が民間人をも含む殺害を意図していたのではないかと、疑わせる根拠となっています。

▼イスラエルの核使用は、どこまで現実的か

イスラエルの安全保障を考える際に重要なのは、同国が核兵器を保有しているという事実です。イスラエルは公式には保有を認めない方針ですが、世界は同国の核兵器

保有を前提に動いています。

1967年の第三次中東戦争で奇襲を受けて守勢に立ったイスラエルは、アメリカに緊急の軍事援助を求めます。その際にアメリカは、迅速に対応しませんでした。イスラエルは、それならばアラブ諸国に対して核兵器を使う可能性があると示唆《しさ》しました。アメリカを脅迫したわけです。アメリカは急いで軍事援助を開始しました。

本当に生存を脅かされると感じた場合には、イスラエルは核兵器の発射ボタンに手を伸ばしかねません。イスラエルの安全保障の最後の砦は核兵器です。J・ロバート・オッペンハイマーなどのような多くのユダヤ系の物理学者が、アメリカでの開発生産に寄与した悪魔の兵器です。

▼PLOとはどのような組織なのか？

話をパレスチナに戻します。

1967年、第三次中東戦争の敗北は、パレスチナ人にとっては大きなショックでした。エジプトのナセル大統領がイスラエルを打ち破り、故郷を解放してくれると期待していたからです。

ナセルは1956年にスエズ運河を国有化します。ナセルを打倒しようとイスラエル、イギリス、フランスがエジプトに侵攻します。これを第二次中東戦争と呼びます。あるいは「スエズ戦争」とか「スエズ動乱」という言葉も使われます。エジプトは軍事的には劣勢でした。しかし、アメリカとソ連がエジプトを支持します。三か国の軍隊は撤退に追い込まれました。エジプトの外交的勝利でした。この勝利によってナセルの人気が沸騰《ふっとう》します。ナセルの指導下でアラブ諸国を統合しようという「アラブ統一運動」が高まりました。

しかしながら1967年の戦争でのナセルの徹底的な敗北を見て、パレスチナ人は「もはや誰にも期待できない。自ら戦うしかない」と決意を固めます。その先頭に立ったのがヤセル・アラファトです。アラファトはナセルの敗北の以前から、武力闘争を呼びかけていました。

アラファトは、ヨルダンを拠点にしてゲリラを組織し、イスラエル軍にゲリラ戦をしかけたのです。一部ではイスラエル軍を退ける戦果も挙げました。よく知られるのが、1968年にヨルダンで起こったカラメの戦いです。アラブ世界は歓喜しました。エジプト、シリア、ヨルダンの軍隊を6日で敗走させたイスラエル軍に対し、一矢報いたからです。アラファトは一躍、英雄となり、1969年、PLOの第2代議長に就任します。

PLOとアラファトの動きに関しては、詳細な経過説明は割愛し、大きな流れのみ説明します。

Palestine Liberation Organization（パレスチナ・解放・機構）の頭文字を取ってPLOとなります。1964年にエジプトのナセル大統領の肝いりで成立した組織ですが、パレスチナ解放のためというよりは「パレスチナが独走しないようにするための組織」でした。アラブ諸国の中でも力を持つナセルが、自らの政策に利用するためにつくった組織とも言えるのです。

ゲリラ戦の活躍でアラブ社会の称賛を浴び

アラファト議長

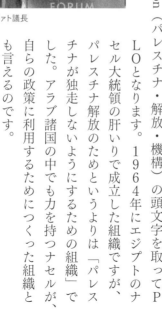

たアラファトは、ＰＬＯの主導権を奪うことにも成功しました。そして、ＰＬＯがパレスチナ人の国家樹立を目指す母体となったのです。とはいえ、ＰＬＯは一枚岩の組織ではなく、さまざまなパレスチナ人組織の合同体です。いくつもの派閥があり、それぞれが自分たちの利益を見据えて、くっついたり離れたりしながら政策を決定しています。

そんな中で、アラファトが議長になったのは、「ファタハ」という最大派閥を支配しているからです。そして、アラファトが大きなファタハを率い、派閥を維持できるのは、資金力があるからなのです。ペルシア湾岸のアラブの産油国と太いパイプを持っていたのです。

さて、ヨルダンを拠点としたＰＬＯとヨルダン政府が対立し、１９７０年に両者が衝突します。これを「ヨルダン内戦」と呼びます。この内戦では、ヨルダンの正規軍がパレスチナゲリラを圧倒しました。敗れたＰＬＯはレバノンへと拠点をうつします。そして１９８２年のイスラエルのレバノン侵攻によって、ＰＬＯは今度はチュニジアに亡命します。その後ＰＬＯの目標は、大きく変わります。当初は、イスラム教、キリスト教、ユダヤ教という宗教にかかわらず平等に生活できる民主国家の樹立が目標でした。つまりイスラエルを解体し、それに代わるパレスチナ国家の樹立が目標だったのです。

しかしながら、後にPLOは、イスラエルを承認します。そして、イスラエルとの交渉によるヨルダン川西岸地区とガザ地区でのパレスチナ国家の建設を目標とするようになります。その変化の過程で大きな事件が起こりました。「インティファーダ」でした。

▼インティファーダとは何ですか？

「インティファーダ」という言葉はご存じでしょうか。1987年、パレスチナのガザ地区で起こった抵抗運動です。インティファーダはたちまちヨルダン川西岸のパレスチナ人にも飛び火しますが、異色だったのは、住民が武器を用いなかったことです。パレスチナ人は、石を投げたり、タイヤを燃やして通行を妨害したり、イスラエル側と密かに通じる協力者を摘発したりして、イスラエルの支配に挑戦したのです。

投石でイスラエル軍に対抗するパレスチナの民衆(AFP＝時事)

イスラエル軍は鎮圧に乗り出しましたが、民間人による〝非武装の抵抗運動〟を前に打つ手がありません。逮捕、拷問、逮捕者の家の爆破などが試みられましたが、抵抗の火は燃え盛り、男性が逮捕されると、女性や子どもまでもが、抵抗に加わり集まったのです。

この様子は、テレビによって全世界に伝えられました。強大なイスラエル軍に立ち向かうパレスチナ住民の姿は、なまなましい臨場感で、世界の人々の良心を揺さぶりました。

当然、イスラエルのイメージは悪くなりました。ガザと西岸の支配を「よい占領」と思い込んでいたイスラエル国民やアメリカのユダヤ人に、占領の醜《みにく》い現実を突き付けたのでした。

インティファーダに驚いたのは、イスラエルばかりではありません。実は、占領地のパレスチナ人を代表するはずのPLOにとってさえ、この展開はまったくの想定外でした。そして、勢いに乗って「イスラム急進派」と呼ばれるいくつかの組織が、占領地で台頭し始めるのです。

代表的な組織は「ハマス」や「ジハード団」などです。そう、今回、イスラエルと戦っているハマスは、そもそもインティファーダの流れに乗り、尖兵《せんぺい》となった組織なのです。ハマスの正式名称はアラビア語でHarakat al-Muqawamat al-Islamiya（イスラム・抵抗・運動）です。頭文字をつなぐと「ハマス」になります。「情熱」とか「熱狂」という意味です。その成立や組織については、後ほどお話しします。

もう一つのジハード団は、イラン革命の影響を強く受けた組織で、イスラエルに対するゲリラ活動によって、その名を知られるようになりました。

また、出遅れたものの、PLOや他の勢力もインティファーダに参加し、抵抗運動は強まりました。組織化を強めるため統一司令部もできましたが、ハマスは独自の活動をすると主張しました。「イスラエル対PLO」というある意味わかりやすい対立構図から、「イスラエル対PLO対イスラム急進派」という複雑な構図へと変化していったのです。

もちろん、対立の構図は〝三つ巴〟で説明できるほど単純ではありません。他にも、アラブ諸国や、アメリカ、ヨーロッパ各国、ロシア、中国などが複雑に絡んでいますが、わかりやすく説明するためとご理解願います。

ちなみに、この後に、もう一度インティファーダが起こりますので、こちらを第一次インティファーダ、そして後のものを第二次インティファーダと呼んで区別します。

第二次の別名は「アル゠アクサ・インティファーダ」です。イスラエルの政治家シャロンが、アル゠アクサの聖域に入ったのがきっかけとなったからです。

▼イスラム急進派って何者？

さて、イスラム急進派のハマスやジハード団などが目指すものとは何でしょう？

基本的には、イスラム法の「シャリア」に基づく国家の樹立です。アラファトのPLOがそれまで目指したのは、イスラム教徒もキリスト教徒もユダヤ教徒も平等な立場で共存する、パレスチナ全土を領土とする民主国家の建設でした。

ところがイスラム急進派が目指すのは、イスラム教徒が政治面で優遇される国家の建設です。やや乱暴ですがわかりやすく言うなら、「パレスチナはイスラム教徒の土地である。キリスト教徒やユダヤ教徒も保護してあげるけど、ここではイスラム教徒が政治を行うからね」というものです。ですから、国連決議による「パレスチナの地を、ユダヤ人中心のイスラエルと、パレスチナ人で分割する」という現状は、絶対に認めることができないのです。

ハマスとジハード団は、「パレスチナの完全解放」を呼びかけています。しかし、解放に至るまでの具体的なシナリオは示していません。あるのは「全世界のイスラム教徒の団結」と「その教えの下で死ぬという殉教精神」だけです。そのためには、テロ（彼らからすれば、正当なゲリラ活動）も積極的に行うというわけです。

世界の多くの人には理解しがたく、受け入れられない考えでしょう。ところが、この極端ともとれるイスラム急進派を支持する人も、また多いのです。

根底にあるのは、やはり、パレスチナ人の置かれている状況が、あまりにも絶望的だからでしょう。生きるか死ぬかの抗議をするのも仕方がない、という考え方です。

「イスラエルはパレスチナの地を占領しているし、パレスチナ人は追い込まれる一方だ。他方では、それに対し国際社会は、無関心だ。またイスラエルを支持する大国もある。さらに、頼みの綱であるPLOも無策で、パレスチナの状況を変えられない。マイノリティである我々がまともなことを言っても、誰も耳を傾けてくれやしない。こんな絶望の淵からパレスチナを解放するには、手荒な策を打つしかないではないか」と。

もちろん私は、テロをよしとするわけでも、それを認めるわけでもありません。ただ、事実をお伝えしているに過ぎないことを、どうかご理解いただければと思います。

ともあれ、インティファーダは、パレスチナを取り巻く状況を大きく変えました。イスラム急進派のような過激な組織が誕生するきっかけとなっただけでなく、アメリカやアラブ諸国、当事者たちにも変化をもたらしていったのです。

▼ユダヤ教・キリスト教・イスラム教は、どんな関係にあるのか

ユダヤ教、キリスト教、イスラム教の関係について、あらためて整理してみます。パレスチナ問題について、より深い理解へとつながるからです。

3つの宗教の中で、一番歴史が古いのはユダヤ教です。「唯一の神であるヤーヴェとユダヤ教徒は契約を結ぶ」という考え方をします。ユダヤ教徒は神の教えを守り、神は世の終わりにユダヤ教徒を救うという思想です。

そして、神の教えは「預言者」を通じて、語られます。ユダヤ教には、多くの預言者が登場しますが、日本人にも知られているのは「モーゼ」でしょう。ユダヤ教の信者は、アメリカやイスラエルを中心に、全世界に1570万人と言われます。

ユダヤ教の流れから出てきたのがキリスト教です。今からおよそ2000年前、ユダヤ教徒として生まれたイエスは、自らを「神の子」と名のりました。それまでのユ

ダヤ教の教えを否定し「自らの教えを信じる者は救われる」と説きました。

キリスト教では、「神と人間の契約はイエス以降、新しい段階に入った」とし、ユダヤ教の教えを伝える聖書を「旧約聖書」、イエス以降の教えを伝える聖書は「新約聖書」と呼びます。イエス以前の〝古い約束〟、イエス以降の〝新しい約束〟という意味です。

ユダヤ教徒は、イエスを「神の子」とは認めていませんし、聖書もユダヤ教の教えが書かれたものしか認めていません。つまり「旧約」とか「新約」という聖書の表現は、キリスト教の立場からのものなのです。

イスラム教は、今から1400年ほど前に、アラビア半島で生まれた宗教です。創始者はムハンマド（モハメッド）。「イスラム」とはアラビア語で「服従」という意味です。「神の意志に服従する」ということです。神の教えはやはりムハンマドという預言者を通じて伝えられました。神は「アッラー」で、神の名前ではなく、アラビア語で「唯一神」という意味の言葉です。ムハンマドは、神ではなく人であり「神の一番新しいメッセージの伝え手」という立場です。

イスラム教の視点では、ユダヤ教やキリスト教の延長線上に、ムハンマドの教えがあると考えます。また、ユダヤ教やキリスト教と同じ神を崇《あが》めています。この神が、人類の発展段階に合わせて預言者を遣《つか》わし、教えを伝えた、とイスラム教では考えます。そして、預言者の教えが書かれた聖典が「コーラン」です。

なお、ムハンマドは、自らを「最後にして最大の預言者」と呼んでいるため、ムハンマド以降に預言者が遣わされることは、イスラム教的にはあり得ないとされています。

▼パレスチナ人とは、どんな人たちか？

インティファーダの舞台であるヨルダン川西岸地区の面積は5800㎢、ガザ地区は360㎢です。ちなみにこれを日本でたとえると、西岸地区は大分県くらい、ガザ地区は東京23区の6割ほどの大きさです。2つの地域に、550万人のパレスチナ人が生活しています。

まさに聖書の物語の舞台となっており、地名の一つ一つに、砂の一粒一粒に何千年もの歴史と愛着と怨念がこもっています。ユダヤ教にとっても、その聖書を聖典の一部と崇めるキリスト教にとっても同じです。また、イスラム教にとっても、この地域が重要な意味をもつことは同じです。

この地に生活するパレスチナ人の大半はイスラム教徒です。つまり、狭い面積の中に高密度の〝宗教的な熱狂〟が渦巻いている地域なのです。

とくにガザ地区は、220万人以上のパレスチナ人が生活するという、世界で最も人口密度の高い場所です。しかも、平均年齢は20歳にも達していません。抑圧され、解放を求める若いエネルギーが爆発し、インティファーダにつながったのだと思います。

前述したように、パレスチナ人の大半はイスラム教徒です。約9割がイスラム教徒で、残りの1割ほどがキリスト教徒、そして、ごく少数のユダヤ教徒がいます。パレスチナのユダヤ教徒はヨーロッパやアラブからの移住組でなく、代々この地に住み続けてきた人たちです。

イスラム教徒は、大まかに言うと「スンニ派」と「シーア派」に分かれます。みなさんも聞いたことがあるでしょう。

人口比的には、スンニ派が9割近くと大勢を占め、シーア派は約1割に過ぎません。シーア派が盛んなのは、イラン、イラク、レバノン南部などです。その他の地域では、パレスチナのイスラム教徒も含め、ほとんどがスンニ派です。

何が違うのか? 実は「預言者ムハンマドの後継者は誰か」という解釈の違いです。

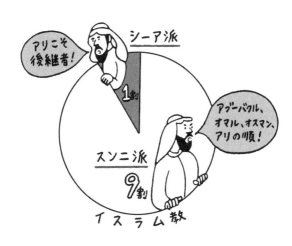

生存中は、預言者ムハンマドが絶対的な指導者でした。しかし、ムハンマドの死後には、「後継者は誰か」を巡り、信徒間で対立が起こります。

ムハンマドの後は、アブーバクルが後継者になり、以降、オマル→オスマン→アリと続きました。この順番を認めた人々がスンニ派です。

　一方、シーア派は「アリこそが後継者」と考える人々です。シーア派からすると、アブーバクル、オマル、オスマンは「アリの地位を不正に奪った悪人」となります。

2章

戦うことは宿命なのか?

果てなき因縁の始まり

▼インティファーダを見たユダヤ人は、どう思ったのか？

インティファーダは「パレスチナ問題」の存在を、改めて世界に思い起こさせました。とくにイスラエルを支持していたアメリカでは、衝撃と混乱は大きかったと言えます。

アメリカに住むユダヤ人の「対イスラエル感情」には、微妙なものがあります。なぜならアメリカのユダヤ人たちは、「イスラエルは守られるべきだ」という立場を取りながら、国家の建設や防衛には、直接の参加をしていないからです。

これまでユダヤ人は、度重なる迫害の歴史に苦しんできました。「いつまた起こるかわからない」という恐怖もあり、「いざという時の避難場所としてイスラエルが必要なのだ」と考えることは、ある意味、当然と言えます。しかし、アメリカのユダヤ人たちは、実際には〝現場〟であるイスラエルに住もうとはしていません。つまり〝現場〟のイスラエルにいるユダヤ人たちに、国家の建設と防衛を押し付けている状態になっているのです。

事実、アメリカのユダヤ人たちは、イスラエル国民に対し、劣等感のような、あるいはうしろめたさのような、複雑な感情を抱いていると言われます。実際、「イスラエル国民は血を流し、アメリカにいるユダヤ人は小切手にサインをしているだけ」という批判の中で、イスラエルに対して多額の寄付をするユダヤ人も少なくありません。また、アメリカ政府の政策を〝イスラエル寄り〟に導くため、精力的に活動している人々も多数います。

しかし、63ページで解説したような、モサドによるアメリカへのスパイ事件もあり、アメリカのユダヤ人たちの「対イスラエル感情」は変化し、冷めつつありました。そして、インティファーダが、さらに助長させたのです。

子どもの腕をへし折るイスラエル兵のやり方に、「もうついていけない」という感情が芽生えるのは当然かもしれません。これまでイスラエルを批判することは〝暗黙のタブー〟という風潮がありましたが、公然と批判する人も現れ始めたのです。

シオニズムを根底から覆《くつがえ》すような議論も出始めました。「ユダヤ人がユダヤ人として最も自らを実現できる土地は、イスラエルではなくアメリカだ」という考え方です。

つまり「本当のシオン、本当のイスラエルは、パレスチナではなくアメリカにある」という主張です。現実に、アメリカのユダヤ人は、政界、学界、財界だけでなく、マスコミや音楽界など、ほとんどの分野で活躍しています。このため「ユダヤ人だから」といういわれなき差別や迫害は、過去のものとなっていたのです。

▼PLOとアメリカの新しい関係――オスロ合意

アメリカのユダヤ人がイスラエルへの感情を変化させたことにより、中東政策も変わっていきました。アメリカはPLOに対し、「テロをやめること」と「イスラエルの存在を認めること」を求め、以上2つの条件をのまない限り、接触しないという態度でいました。

しかし、PLOにとって、この2つの条件をのむことは困難でした。なぜなら、条件の承認すなわち、パレスチナ人の権利の放棄につながりかねないからです。

ところが、インティファーダが成功したことにより、アラファトの心の中にも変化が生まれました。「イスラエルを追い詰めた」という心理的な余裕ができていたのでしょう。アラファトは、それまでの頑《かたく》なな態度から路線変更し、「イスラエルの存在」と「テロの放棄」を認め、そのうえで「パレスチナ国家を樹立する意志がある」と宣言したのです。

このためアメリカは、PLOと対話することを決めました。

アメリカとPLOの対話がいよいよ始まる、という段階になって、思いもかけない大事件が勃発します。1990年8月イラクがクウェートに侵攻し、湾岸危機が発生しました。そして、さらに1991年の湾岸戦争へと発展していったのです。

翌1992年には、イスラエルの総選挙で、ラビンの労働党が勝利しました。そして党首のラビンが首相に就任するという動きがありました。ラビンは第三次中東戦争で軍の参謀総長を務め、イスラエルを歴史的な勝利へと導いた人物です。

実は、ラビンにとっては2回目の首相就任でした。ラビンは1970年代に首相に就任した経験がありました。したがって、今回は第二次ラビン政権の成立ということになります。

こうした一つ一つの動きがパズルのピースのようになり、1993年の「オスロ合意」へとつながっていきます。まずオスロ合意を受けて、パレスチナ人はインティファーダをやめます。オスロ合意という言葉は、今回のイスラエルとハマスの戦争の報道でも、何度か聞いているでしょう。さらにわかりやすく、オスロ合意がどういうものなのかを整理してみることにします。

①誰が誰と〝合意〟したのか？

イスラエルとＰＬＯです。これまで敵対していた者同士です。実際に調印したのは、イスラエルのラビン首相とＰＬＯのアラファト議長です。

②なぜ「オスロ合意」と言うのか？

オスロはノルウェーの首都です。ノルウェーがイスラエルとＰＬＯの秘密交渉の仲介をし、会場を提供したからです。

歴史的にノルウェーは特別に親イスラエル的でした。イスラエルのノルウェーへの信頼もあって、仲介に乗ったのでした。アラファトもノルウェーの立場を理解しており、交渉に乗り出しました。

オスロ合意調印式
左から、ラビン首相　クリントン大統領　アラファト議長

③なぜホワイトハウスで調印式が行われたのか？

歴史的合意に、超大国アメリカのお墨付きと国際的な認知を与えるためです。ビル・クリントン大統領も、外交の成果として、国内での自身の支持固めにオスロ合意を使いました。

④合意の内容は？

ざっくり言うと、次の3点です。

(1)イスラエルとPLOの相互承認。
(2)イスラエルが占領した地域の一部で「パレスチナ人による自治」を開始する。
(3)その他の問題の交渉は先送りにする。

▼アラファト大統領?の誕生

オスロ合意の3点の内容について、少し補足します。

(1)一方でイスラエルはPLOを「テロ組織」と断じてきました。今後は「パレスチナ人の代表」と認めたのです。他方、PLOもイスラエルの存在を認めておらず、消滅させるためにゲリラ活動をしてきました。まさに宿敵同士が互いの存在を認め、手を握り合ったのですから、大きな意味があったのです。

(2)「パレスチナ人による自治」というのは、「パレスチナ人が限定的な権限の政府を持つ」ということです。しかし、政府だとしても国家ではありません。ゲリラ以上で国家未満の状態です。

ただし、大きな問題がありました。自治地域がきわめて狭かったことです。ガザ地区とヨルダン川西岸地区のエリコという小さな町にのみ、自治地域は限定されていました。

オスロ合意によって、アラファトはパレスチナ暫定自治政府の指導者となりました。国は存在しませんが、大統領的な立場です。

また、議会の選挙も行われました。結果、アラファトの支持母体である「ファタハ」という組織が、議会の過半数を占めました。ちなみにこの議会は「パレスチナ立法評議会」という名で呼ばれています。

(3)重要な問題の多くを、現時点で決定せず〝先送り〟にしました。たとえば、「イスラエルと将来のパレスチナ国家の最終的な境界」や「エルサレムの地位(イスラエルの一部か、将来のパレスチナ国家の一部か）」、そして「パレスチナ難民の故郷への帰還」などです。このように先送りしたことによって、問題はずっとくすぶり続け、2024年現在にいたる悲劇が生まれているわけです。

では、オスロ合意の後はどうなったのでしょう？

交渉を経て、イスラエルは占領地にしていた「パレスチナの人口密集地」から撤退しました。エルサレムは例外でしたが、これによりパレスチナの自治地域はわずかに拡大しました。しかし、オスロ合意後も、イスラエルはヨルダン川西岸地区の土地を奪い続けています。

そして、合意から2年後の1995年には、イスラエルのラビン首相が暗殺されました。犯人はユダヤ人でしたが、その後、イスラエルとパレスチナ暫定自治政府の交渉は、ほとんど進まなくなってしまったのです。

というのも、1996年、次のイスラエルの首相に強硬派のネタニヤフが就任したからでした。その後ネタニヤフは、現在に至るまでイスラエルの政界に君臨します。今は2022年より、第6次ネタニヤフ内閣を率いています。

▼パレスチナ暫定自治政府の「領土」はわずか5%

地図を見ながら、読んでください。

念のためもう一度説明すると、「パレスチナ」というのは地域名です。パレスチナでは、宗教にかかわりなく、人々は平和に共存していました。しかし、シオニズムが始まると、ヨーロッパからユダヤ人が入ってきて、パレスチナ人が追い出されることになります（52ページの地図）。

第二次世界大戦後、イスラエルが建国され、国連の「パレスチナ分割決議」によって、イスラエルとパレスチナの分割地域が決まりました（53ページの地図）。そして、ナチスのホロコーストで迫害を受けたユダヤ人たちも、大挙してイスラエルに移ってきました。

その後、第一次中東戦争で勝利したイスラエルは支配地域を増やします（54ページの地図）。イスラエルは、その後の第三次中東戦争によって、また、自らの支配地を大きく広げたのです。

オスロ合意前の時点では、91ページの地図で示されたヨルダン川西岸地区とガザ地

● オスロ合意後のパレスチナ

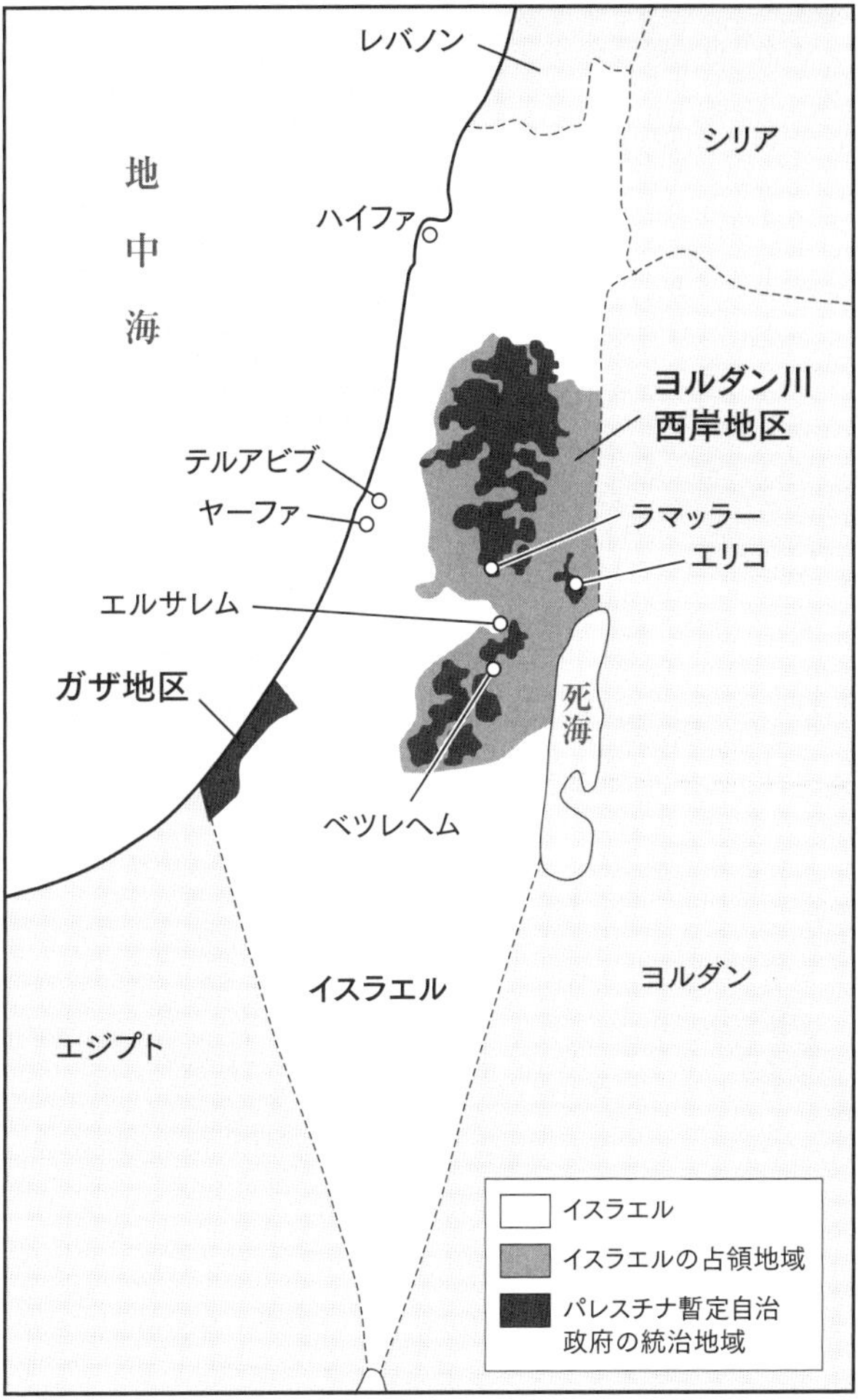

＊特定非営利活動法人パレスチナ子どものキャンペーンのHPなどから作成

● ヨルダン川西岸地区のパレスチナ自治区

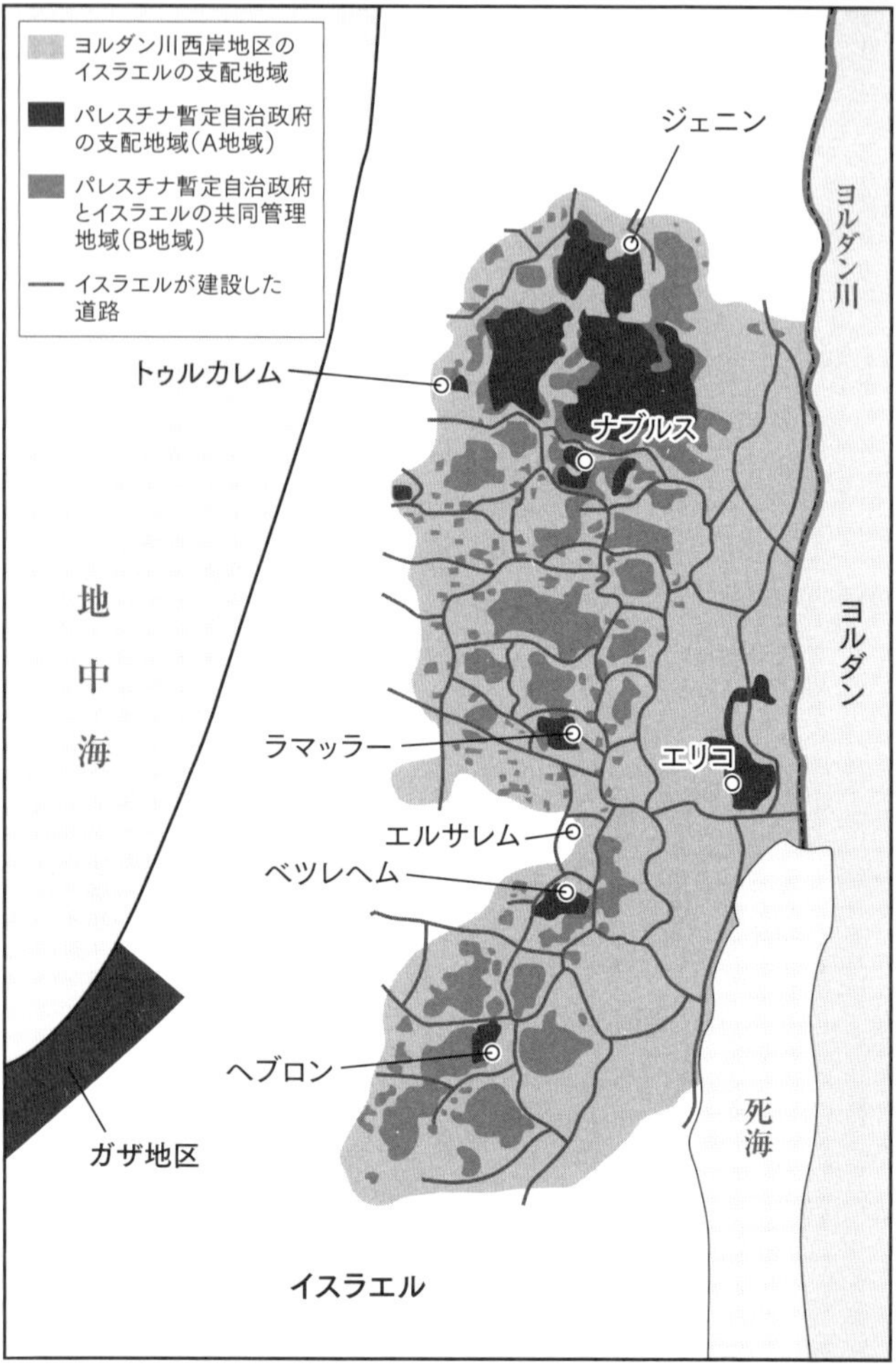

＊国連人道問題調整事務所(OCHA)の地図などから作成

区全体は、イスラエルが占領して支配していました。しかしオスロ合意と以降の交渉によって、黒く塗られた部分をパレスチナ暫定自治政府が統治するようになりました。パレスチナ暫定自治政府の実質的な支配地域（パレスチナ自治地域）は、ガザ地区とヨルダン川西岸を合わせても、全体の1割以下です。

しかし、実態はもっと少ないのです。92ページの地図を見てください。

自治地域は、実は「A地域」と「B地域」に分けられています。A地域はパレスチナ暫定自治政府の完全な支配下にあり、B地域はイスラエルとの共同管理地域です。つまり、パレスチナ暫定自治政府が完全に治めている土地は、ほんのわずかしかないのです。数字で示すと、パレスチナ全土の4％以下、ガザ地区と合わせても5％以下でしかありません。

B地域（イスラエルとの共同管理地域）では、警察などの治安の権限はイスラエルが握っています。パレスチナ暫定自治政府は、その他の民生部門を管理しているに過ぎません。

しかも、地図を見るとわかりますが、ヨルダン川西岸の各地域は、細かく分断されています。

アラファトはかつて、「中東にスイスのような平和なパレスチナ国家をつくる」と約束しました。しかし、現実は穴だらけのスイス・チーズのようなものなのです。しかも、暫定自治政府はまさに穴のほうなのです。

▼屈辱にパレスチナ人は怒らなかったのか？

もう一度、92ページの地図を見てください。

穴だらけのスイス・チーズのようなヨルダン川西岸地区を、黒い線が切り裂いているのがわかるでしょう。この黒い線は、イスラエルが建設した道路網です。なんとこの道路の多くはユダヤ人専用なのです。

さらに、イスラエルはヨルダン川西岸地区に、入植を続けているのです。それが95ページの地図です。入植地は全体的に広がり、所々に〝入植密集地〟も見られます。とくにエルサレムの周辺には、密集地が広がっていることがわかります。

パレスチナも黙っていたわけではありません。オスロ合意では「交渉を続ける」と

●ヨルダン川西岸地区におけるユダヤ人の入植地(概略図)

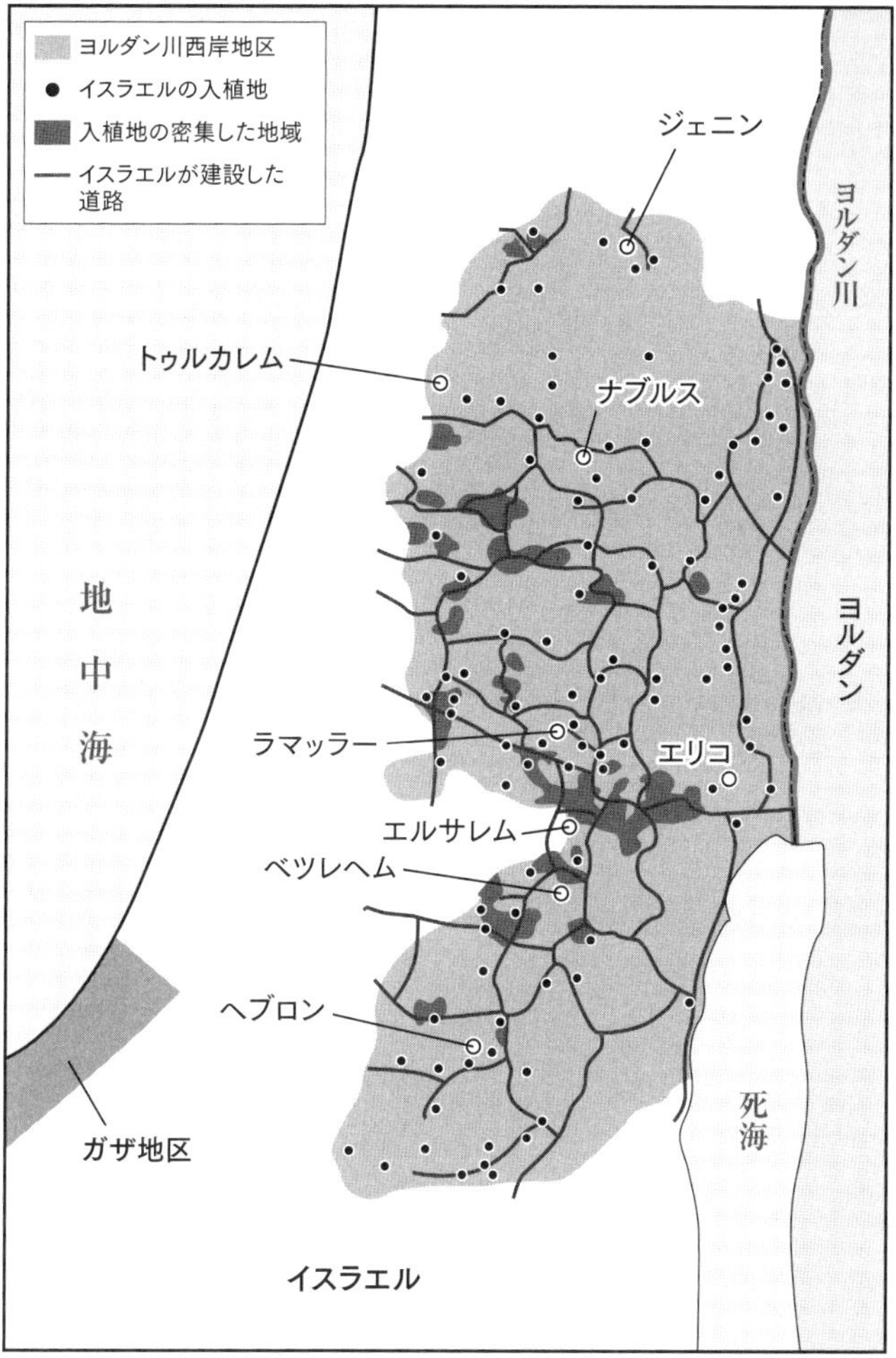

＊国連人道問題調整事務所(OCHA)の地図などから作成

なっていましたから。しかし、実際は〝実りなき交渉〟でした。

しかも、イスラエル側は、さらにパレスチナ人の怒りを買うような行動も起こしました。右派政治家のシャロンが、護衛を引き連れて聖地エルサレムのアル＝アクサ・モスクを巡回したのです。アル＝アクサは、パレスチナ人にとっては特別な地です。イスラム教徒の聖地です。この聖域に入ることで、シャロンは「俺たちの土地だ」と示したのでしょうが、「踏まれた」パレスチナ人にとっては決して許せない屈辱です。

この怨念、そしてアル＝アクサのイスラム教徒にとっての重要性というのは、2023年10月のハマスの攻撃の作戦名が「アル＝アクサの洪水」となっていたことからも想像できます。

さて、この時は占領地全土で、パレスチナ人による抗議運動が燃え上がりました。第二次インティファーダです。しかも、今回のインティファーダでは、パレスチナ人たちは、石を投げたり、タイヤを燃やしたりするにとどまりませんでした。銃を使い、自爆攻撃にも訴えました。自分の体に爆弾を巻きつけ、相手に突進していく〝捨て身〟の攻撃です。

これに対し、首相になっていたシャロンは、容赦のない制圧に出ます。圧倒的な軍事

● ヨルダン川西岸地区におけるイスラエルの検問所などの概略図

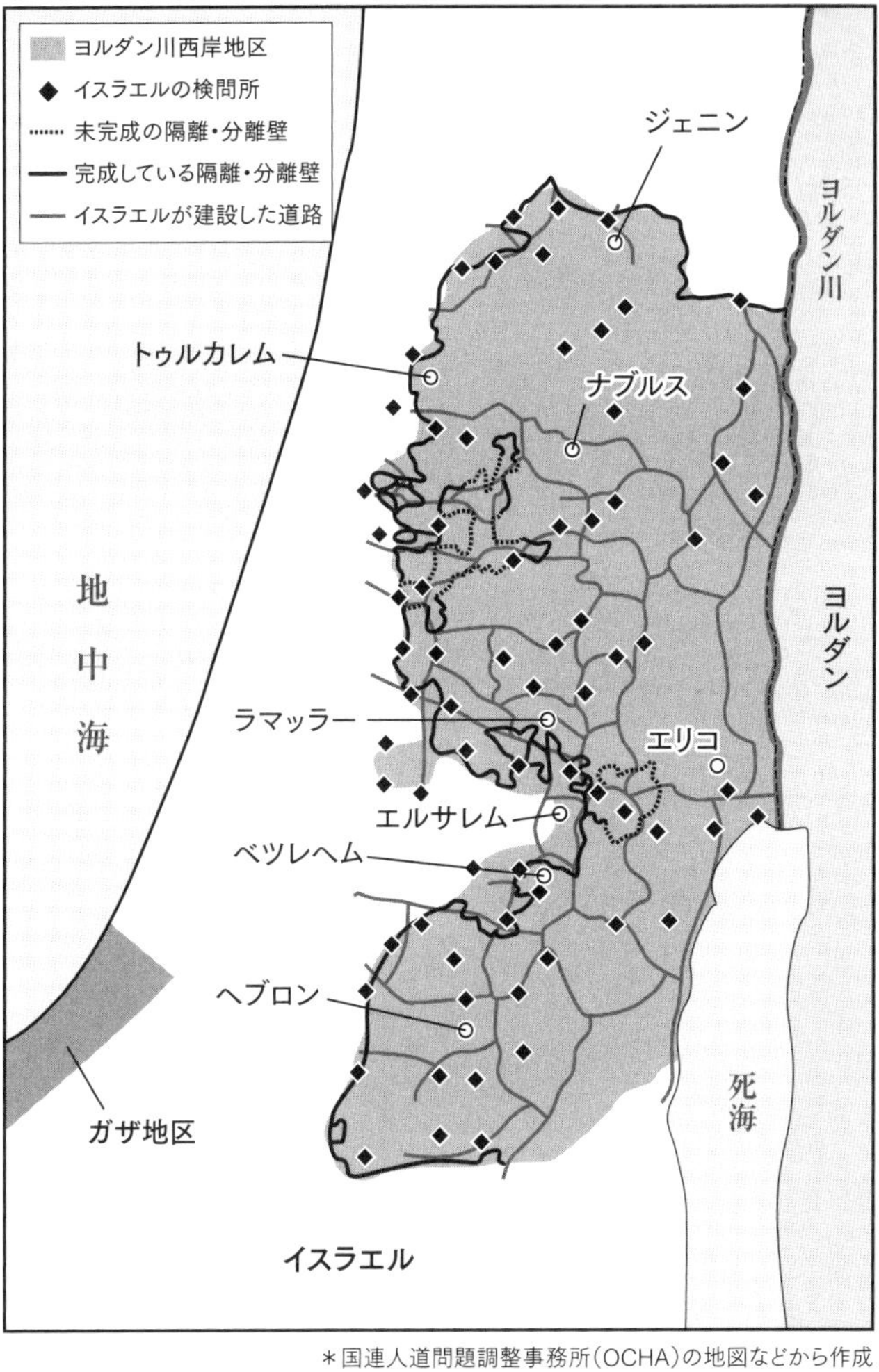

＊国連人道問題調整事務所（OCHA）の地図などから作成

力を行使して、パレスチナの人口密集地を破壊したのです。多くの死傷者が出ました。また、アラファトはイスラエル軍に包囲され、家に閉じ込められました。アラファトは、2004年にパリ南部郊外の病院で死亡します。その後は、部下のマフムード・アッバースが後継者として、PLOの指導者となりました。つまり、パレスチナ暫定自治政府のトップになったわけです。

PLOが弱体化していくのに反して、イスラエルのシャロン首相は、入植を加速させます。"占領政策"の一環として、イスラエルはヨルダン川西岸に多数の検問所を設置していきます。(97ページの地図)。パレスチナ人は移動の際につどつど検問所を通過しなければなりません。検問所はしばしば閉鎖されるため、パレスチナ人の生活は不便さを増しました。ところが、ユダヤ人の入植者は自由に専用の道路を移動できるのです。

▼入植地とは？ なぜ許されるのか？

和平の障害になっているのが、占領地にある約300か所もの入植地の存在です。

もし、将来、「パレスチナ国家」が現在の占領地全体に成立するとしても、入植地が撤去されない限り、穴だらけのスイス・チーズのような国家になってしまうでしょう。長年この問題に取り組んできたピースボート共同代表の吉岡達也氏の表現を借りるとこうなります。

「入植地はパレスチナ国家の体内に突き刺さったガラスの破片だ」と。そして、その約300個の破片が和平への道を危険なものにしています。

入植者の総数は約70万人です。その内訳は「占領地の一部である東エルサレムに20万人」と「その他の地域に50万人」とに大別できます。現在のイスラエルの総人口は1000万人なので、その7％ほどが入植地に住んでいることになります。

そして、入植地に住むこの7％の人たちの存在が、和平の大きな障害になっているのです。実は、オスロ合意を推し進めたラビン首相の暗殺犯も、こうした入植者たちに連なる考えの輩《やから》です。

2000年6月、私は入植地の建設現場の一つを見に行きました。そこには何台ものブルドーザーがうなりを上げて走り回っていました。運転しているのは、どの車両もパレスチナ人でした。これを見て、私は悲しい気持ちになりました。

本来は、自分たちのものであるパレスチナの土地です。それなのに、わが庭を奪おうとする人々のために働いているのです。

なぜ、そんなことをするのか？　入植地の建設現場で働かなければ食べていけない状況にまで追い込まれているからです。パレスチナ人の生活は、かくも厳しく苦しいのです。まごうことなき、パレスチナの現実です。

入植地は英語でセットルメント（settlement）と呼ばれます。settleには「住みつく」という意味があります。同時にこの言葉は「(問題などを）解決する」という意味にも使われます。しかし、入植地の拡大は、パレスチナ問題の解決には何ら寄与していないばかりか、問題をどんどんこじらせているのです。

▼なぜエルサレムにこだわるのか。そもそも誰のものなのか？

和平の鍵は、将来のパレスチナ国とイスラエルの2国家の共存です。その2つの国

●エルサレム旧市街

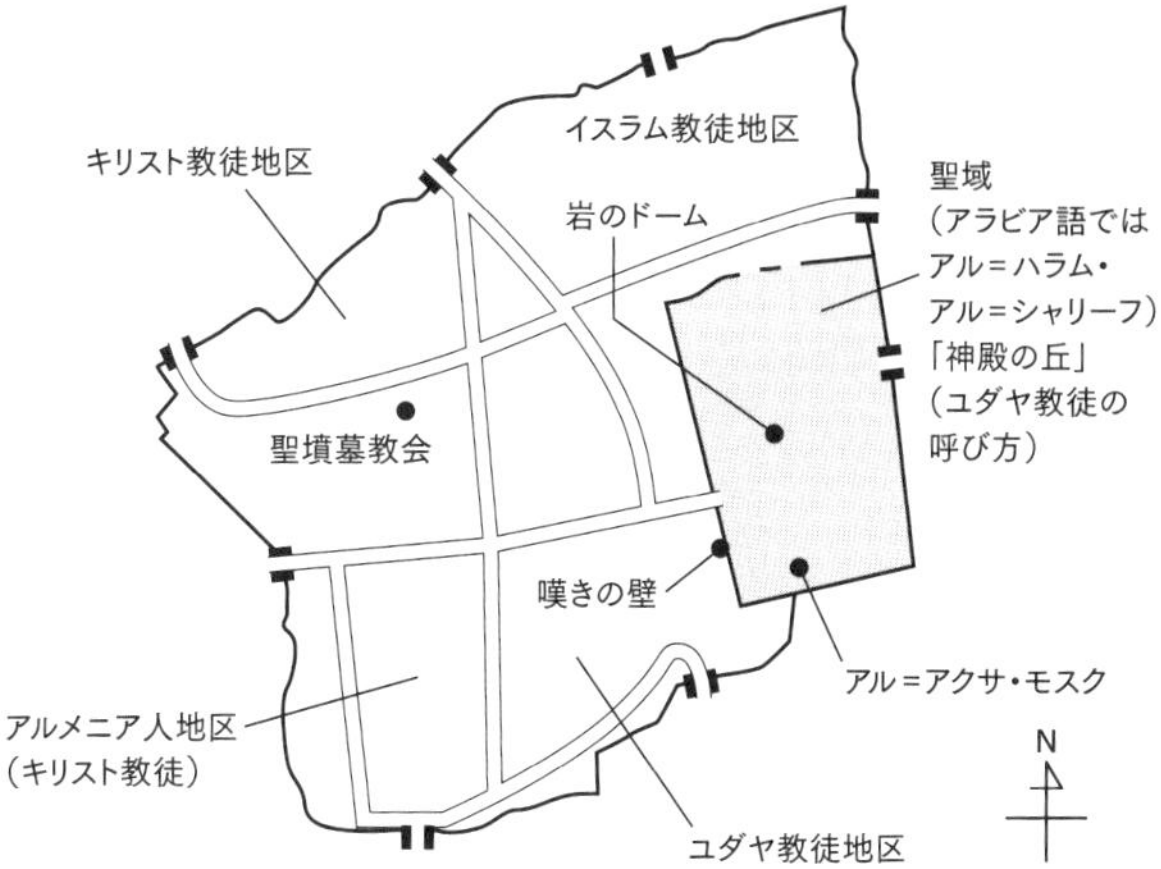

家間の国境の確定が、和平交渉のポイントです。

さて、イスラエルとパレスチナの境界の確定を困難にしている原因は、入植地ばかりではありません。「エルサレムをどちらが取るか？」というのも大きな問題なのです。

なぜか？　イスラエルにとっても、パレスチナの人々にとっても、エルサレムは時に「譲れない大事な場所」だからです。

なぜ大事なのか？

大きく宗教的な理由と、地理的・経済的な理由の2つに分けられます。

まず、宗教的な理由ですが、ユダヤ教

にとっても、キリスト教にとっても、イスラム教にとっても、エルサレムは〝聖地〟とされています。

2000年以上前、この地にはユダヤ人の王国がありましたが、エルサレムはその都でした。当時はユダヤ教の神殿などもあり、ユダヤ教徒にとっては栄光の地です。ヨーロッパで迫害されていた時も憧れ続けた〝聖なる地〟なのです。

また、キリスト教徒にとっては、エルサレムは、イエスが処刑され、復活した場所でもある〝聖なる地〟です。

さらにイスラム教徒にとっても大切な地です。神の教えを伝えに預言者ムハンマドが、エルサレムのアル＝アクサ・モスクの聖域内の岩から天国に昇り、神に会い、戻ってきたとイスラム教徒は信じているからです。その岩は、現在は黄金のドームにおおわれています。

ユダヤ教徒も、キリスト教徒も、イスラム教徒も、エルサレムをもっとも神聖な都市とみなしているのです。

そして、宗教的なありがたさだけにとどまらず、エルサレムは、ヨルダン川西岸地区にとって、地理的・経済的な中心です。西岸の主要都市はエルサレムを軸につながっています。もしもエルサレムがイスラエルのものになってしまえば、他の都市は軸のない車輪のようになってしまいます。

このため、アラファトは「エルサレムを首都とするパレスチナ国家を樹立する」と、パレスチナ人に約束してきました。エルサレムを放棄していたとすれば、アラファトはパレスチナ人に、アラブ世界に、そしてイスラム教徒とキリスト教徒にとっても裏切り者になってしまっていたことでしょう。

さて、ここで少し立ち止まって考えてみてください。わずかな狭い空間に3宗教の聖域が隣接しているにもかかわらず、信徒たちは長らく平和に共存してきたのです。この事実からも、宗教がエルサレム問題の本質ではないとわかります。

▼エルサレムは、これまで誰が支配してきた?

エルサレムは過去、イスラエルとパレスチナ人、どちらが支配してきたのでしょうか?

第一に、1947年の国連の分割決議案では、エルサレムはどちらにも属さず「国際管理地」とされる予定でした。しかし、1948年、イスラエル成立時の戦争すなわち第一次中東戦争の結果、エルサレムは分断されることになりました。

西エルサレムはイスラエルに、東エルサレムはヨルダンの支配下に入ったのです。

それまで一つだった都市が2つに分かれたことによって、さまざまな悲喜劇が生まれました。たとえば、次のようなエピソードが笑い話として残っています。「境界線に面した家の窓から老人が入れ歯を落とし、それが境界線の反対側に転がったために、線をまたいで活動できる国連軍が出動してその入れ歯を回収してくれた」と。まあ、事実かどうかはさておき、都市が分断されたのですから、多くの苦労があったことは間違いありません。

第二に、イスラエルはエルサレムを首都と決めてしまいました。ところが、国際社会からは拒否されます。国連決議では「エルサレムは国際管理地」となっていたからです。このため、日本を含む各国は、大使館をエルサレムではなく、テルアビブに置いています。

第三に、城壁に囲まれたエルサレムの「オールド・シティ」(旧市街)は、東エルサレムにあります。つまり、ヨルダンの支配下にありました。わずか1㎢にも満たない旧市街地域に「嘆きの壁」「聖墳墓教会」「アル＝アクサ・モスク」など、ユダヤ教、キリスト教、イスラム教の聖なる空間が、重なり合うように密集しています。

1967年の戦争で、イスラエルは、旧市街を含む東エルサレム全域を制圧しました。つまり、東エルサレムは、イスラエルの占領地の一部になったのです。

その後、イスラエルは、東西エルサレムを統合しました。そして、「エルサレムがイスラエルの永遠の首都である」と宣言しました。

さらに、エルサレムの旧市街を囲むようにユダヤ人入植地を建設し、エルサレムの周辺をエルサレム市に併合しました。こうして、イスラエルはエルサレムを拡大しつつ、総人口に占めるユダヤ人比率を高めようとしています。イスラエル側の発表では、2022年末の段階で、エルサレムのユダヤ人の人口比率は61％になっています。

このように強引とも言える政策で、人口比率を高めるようにして、「エルサレムはイスラエルの土地だ」と内外に示しているわけです。

▼イスラエルの強引さへの反動としてのハマスの台頭

イスラエルの強引な政策は、エルサレムへの入植だけではありません。

イスラエル首相のシャロンは、ヨルダン川西岸に壁の建設を開始しました。その理由を「テロを防ぐため」としましたが、実際は、ヨルダン川西岸の多くの部分をイスラエルに併合する準備です。

パレスチナ人の不満は募《つの》るばかりでした。

シャロンは西岸への入植を進めると同時に、2005年にガザで大きな動きに出ます。入植地を撤去してイスラエル軍を撤退させたのです。国内的には議論のある決断でしたが、住民の抵抗の激しいガザを放棄して西岸への入植に集中する姿勢でした。

そうした状況を背景に、イスラム組織の「ハマス」が支持を拡大していきます。

ハマスは、20世紀前半のエジプトにできた民間組織「ムスリム同胞団」を源流にしています。最初からテロ組織だったわけではありません。ハマスの歴史を、かいつまんでお話ししておきましょう。

ムスリム同胞団はハサン・アル＝バンナーという学校の先生が結成した団体です。

バンナーは熱心なイスラム教徒でしたが、ある時、スエズ運河地帯にある学校に赴任して愕然《がくぜん》とします。「ここはエジプトなのに、まるでイギリスじゃないか」と。当時、スエズ運河地帯はイギリスの支配下にあったのです。

ちなみにスエズ運河が開通したのは1869年でした。1875年にイギリスはスエズ運河会社の株の過半数を購入しました。以降、前にも言及したナセルによる1956年の国有化まで運河はイギリスの支配下にありました。

「なぜ我々はこんな目に遭わされるのか。それは信仰が薄いからだ。イスラム教徒だと言いながら、しっかり信仰していない。だから酷い扱いを受けることになる。イスラム教を勉強し、イスラムの教えを実践しよう」

そう言って民間団体をつくり、4～5人でイスラム教を原点から見直す運動を始めました。やがて、次々と賛同者が現れ、次第に彼らの運動は大きくなっていったのです。

政府がやっている表向きの「イスラム」ではなく、民間レベルで「社会全体を根本からイスラム化していこう」という草の根運動です。

ところが、運動が強く大きくなると、政府のコントロールが利かなくなる。このた

● ハマスとファタハの勢力図

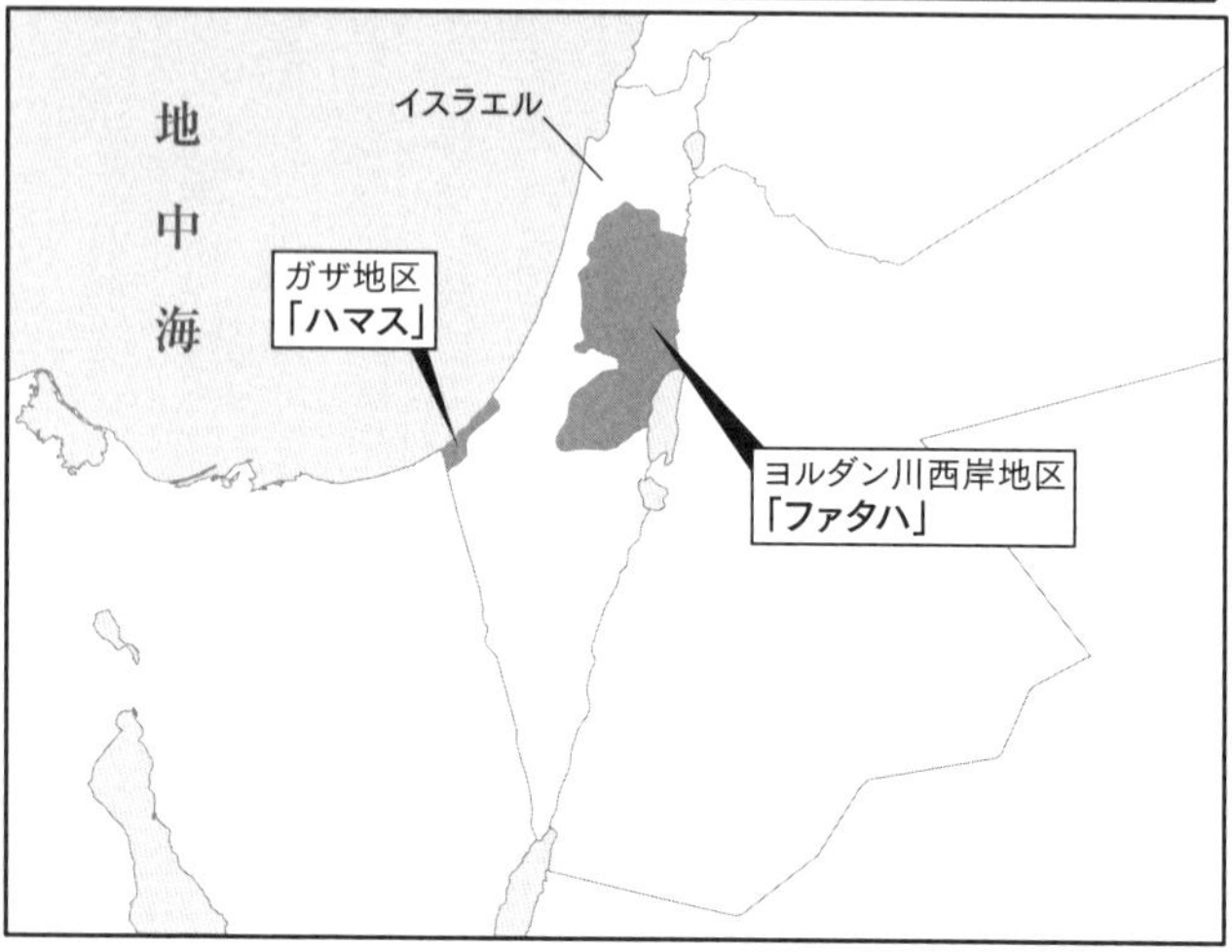

めエジプト政府は、ムスリム同胞団を弾圧しました。

　すると、運動の中心にいた人たちは、カタールやサウジアラビアなどに亡命をしました。こうして、ムスリム同胞団は、エジプト国内だけでなく、アラブ諸国にも一気に広がっていったわけです。

　ムスリム同胞団は宗教運動だけでなく、慈善事業にも力を入れます。イスラム教は貧者に手を差し伸べるように教えているからです。そのため社会のあちこちに根を張り、ジワジワと力をつけていきます。パレスチナでも、その力を理不尽な支配への抵抗に向けるため「ハマス」という組織に変身したのです。イスラエルの強引な占領政策への反動がハマスの台頭でした。

▼パレスチナ自治区の分断

イスラエルは、ムスリム同胞団の拡がりをどう見ていたのでしょう？

端的に言えば「これは使える」と考えたのだと思います。イスラエルは、パレスチナ人の間にＰＬＯの影響が広がるのを嫌っていましたから。ムスリム同胞団がＰＬＯのライバルに育てば、パレスチナ人が割れて、力を削《そ》ぐことができると考えたのです。

それゆえ、ムスリム同胞団の活動を黙認していました。ムスリム同胞団が「ハマス」として活動を始めるのは、１９８７年の第一次インティファーダの時です。これを機に、宗教運動から政治運動へと一気に舵を切ります。

ハマスは、アラファトが指導するＰＬＯとは違う路線を、次のように主張しました。

・イスラエルを認めない。

・最終的には、占領地だけでなく、イスラエルも解体する。
・パレスチナ全土にイスラム国家を打ち立てる。

右がハマスの公式の立場です。すると、PLOに限界を感じていたパレスチナ人の心がハマスに傾き始めました。ハマス支持者が増加したのです。

そして2006年、パレスチナ立法評議会の選挙で、ハマスが第一党になりました。勝利したのです。選挙に勝ったのですから、通常なら、パレスチナの自治権はハマスに移譲されます。

しかし、そうはなりませんでした。アメリカを始め、国際社会は「ハマスはテロ組織である」として、勝利を認めなかったからです。

一方で、ヨルダン川西岸地区では、PLOの支持基盤であるファタハが権力を握ったままになりました。他方、ガザ地区ではハマス支持が強かったのです。

このため、2007年にガザでハマスとファタハの軍事部門が衝突した時に、勝利を収めたのはハマスでした。軍事衝突の結果、ハマスは名実ともに、ガザを支配するようになったのです。

これにより、パレスチナ自治区は、完全に分断されました。高笑いしたのはイスラエルです。アメリカを始め、国際世論は「イスラエルとパレスチナの和平」を求めていました。しかし、パレスチナが分裂した状態なので、「和平交渉しようにも、どっちと交渉すればいいんだ」ととぼけたことを言い、和平交渉を回避できました。そうやって和平交渉が滞《とどこお》る間に、ユダヤ人はどんどん西岸に入植していくことができたのです。

▼ハマスはなぜ、勢力を拡大できたのか？

ではなぜハマスが勢力を拡大できたのか、改めてそれを検証してみましょう。
ハマスの勢力拡大の背景には、大きく分けて4つの原因が考えられます。

①和平の停滞

オスロ合意によって、敵対していたイスラエルとPLOはお互いを承認し、和平への期待は一気に高まりました。しかし、和平交渉は何の成果ももたらしませんでした。

それどころか、イスラエルはパレスチナ人の土地を強奪し続けています。ファタハは和平路線を訴え続けてきましたが、国家が樹立できないのでは、人気が下がるのも当然です。

②アラファトの死

２００４年にアラファトが没しました。英雄アラファトへの批判は多々ありましたが、パレスチナ抵抗運動を組織し、指導してきた実績を、パレスチナ人は高く評価していました。長期にわたり、パレスチナ人の精神的な支柱だったと言っても過言ではありません。後継者のアッバースにはアラファトほどのカリスマ性も求心力もありません。アラファトを失い、ファタハは人々の支持も失いました。

③ハマスの社会活動

ハマスは「テロ組織」と言われますが、そもそもは純粋にイスラム教を信仰し、宗教運動をしていた団体です。慈善事業にも精力を注ぎ、学校や病院を運営し、パレスチナ人のために活動しています。パレスチナにおける最大の人道ＮＧＯ（非政府組織）とも言えます。住民のための活動が、ハマスの支持基盤の強さの大きな要因です。

また、ファタハの指導するパレスチナ暫定自治政府には、「汚職」の批判が付きまとっているのに対し、ハマスにはそうした噂はありませんでした。お金の面では、ハマスは潔白なイメージを維持していました。

④イスラエルの黙認

そして最後に、前にも触れたように、イスラエルがハマスを利用しようとして、その成長を黙認してきたからです。生かさぬように、殺さぬようにしてきたのです。

▼10月7日以前にもあったガザ戦争

2006年、パレスチナ立法評議会の選挙でハマスが勝利した後の、結果を受け入れないファタハとハマスの対立は次第に激しくなっていきます。

武力での直接対決もあり、ハマスはガザでは勝利したのですが、国際社会はそれを無視します。そして、イスラエルはガザを封鎖しました。地図を見ると一目瞭然ですが、ガザはイスラエルとエジプトと地中海に囲まれています。イスラエルはガザの出入り口も封鎖しました。また海域も封鎖しました。さらにエジプトも協力したので、ガザは完全に孤立してしまったのです。天井なき監獄です。

ガザの人々の生活は、困窮しているのです。

ガザのハマスがイスラエルに攻撃をしかけるのは、こうした状況があってのことです。

2023年10月7日にハマスは奇襲をかけましたが、それ以前に4回の「小さな戦争」がありました。たとえば、2008〜09年の戦争は、次のようなものでした。

イスラエルは、ガザにいるハマスの指導者を暗殺しました。ひどい困窮に加え、指導者まで殺されたらたまりません。ハマスは手製のロケット弾をつくり反撃しました。

イスラエルにしてみれば、大した攻撃ではありません。しかし、イスラエルは全面的な攻撃を開始します。しかも、攻撃をしかけたのは12月27日でした。各国のメディアや政府の指導者たちが冬の休暇に入るタイミングを見計らうようにして。

イスラエルは、ガザ全域に空爆を行い、その後、陸上部隊がガザの町に侵攻しました。一連の攻撃により、ガザではおよそ1400人の死者が出ました。

イスラエルは「民間人を巻き添えにしないよう細心の注意を払った」と弁明しましたが、人口密度の高いガザに空爆をしかけ、地上で戦闘を始めたら、民間人を含む多数の死者が出ることは避けられません。そんなことは百も承知の上で、戦争をしかけたのです。

12月末に始まったこの戦争は、わずか3週間後の1月18日に停戦しています。多くの犠牲者を出したガザの人々はハマスの下に団結しました。また、攻撃の残虐さに内外の批判も高まりました。

短期間でイスラエルが攻撃をやめた背景の一つは、総選挙が迫っていたからでした。なお、この選挙で勝ってネタニヤフが第二次政権を成立させます。アメリカのブッシュ大統領の任期切れが迫り、後ろ盾を失う可能性もありました。さらに2日後、アメリカではオバマ大統領が誕生しましたが、新大統領就任式を血で汚すわけにはいかない、という判断も働いたのかもしれません。

ブッシュはイスラエル寄りの政策をとりましたが、オバマの政策は未知でした。複数の理由が重なり、イスラエルは撤退を余儀なくされることになったのです。この他にもイスラエルは2012年、2014年、そして2021年にガザを大規模に攻撃しています。

3章

2023年
ついに勃発！

イスラエル VS ハマス
血塗られた舞台裏

▼なぜ諜報能力の高いイスラエルが、ハマスの奇襲を防げなかったのか？

今回のハマスとイスラエルの戦争を、仮にひと言で言い表すなら、次のようになります。

ハマスの指導者ヤヒヤ・シンワルとイスラエルのベンジャミン・ネタニヤフ首相の読み違いだ、と。

人間は過去の経験から学びます。

しかし変化が激しいと、過去の経験が〝足かせ〟となり、状況を読み違えてしまう場合もあるのです。

今回のネタニヤフ首相は、まさにその典型です。ネタニヤフ首相にとっては、イスラエルとの和平に消極的なハマスの存在は便利でした。

ハマスがガザ地区を支配している限り、ヨルダン川西岸を支配しているパレスチナ暫定自治政府とハマスは対立し続けるからです。パレスチナが分裂したままの状態でとどまることは、イスラエルにしてみれば「和平交渉の相手が存在しない」という状況になります。

和平を進めたくなかったネタニヤフ首相にとっては、この〝和平が停滞する〟という状況は好都合だったのです。

なぜか？　和平が停滞している間に、ヨルダン川西岸へユダヤ人をどんどん入植させられるからです。実際に、この地区へのユダヤ人の入植は、加速していました。

確かに、イスラエルにとって、ハマスは脅威でした。しかし、それは〝真の脅威〟ではなく〝制御できる程度の脅威〟だったのです。今までもハマスの力が大きくなりそうになると、イスラエルはハマスを攻撃して、その力を削いできました。

それは「芝刈り」にたとえられます。伸びすぎないように、「芝を刈る」がごとく、小さい戦争をしかけてきました。イスラエルとハマスの間には、前にも触れたように過去に4回ほど、小規模な戦争がくり広げられました。

もちろん、戦争にはお金もかかるし、犠牲も出ます。しかし、コストはたかが知れていました。また、もちろん犠牲も出ましたが、何とか許容できる範囲のものでした。

こうした過去4回の「芝刈り」の経験があるために、ネタニヤフ首相は、完全に油断していたのです。ハマスが大規模な奇襲を計画しているとは、予想もしていませんでした。

　そして２０２３年10月7日、ハマスから電撃的な奇襲攻撃を受けたのです。ネタニヤフ首相とイスラエル軍にとっては、まさに〝寝耳に水〟のことだったでしょう。

▼なぜ、過去には小規模な戦争だったのに、今回は大規模になったのか？

　実は、ハマスのガザ地区のトップとされるシンワルも、過去の経験という〝足かせ〟のせいで、イスラエルの激しい反応を読み間違えたのかもしれません。もちろん、あくまでも私の推測なのですが……。

　どういうことか？

　シンワルは、「イスラエル人の人質を取れば、イスラエル軍はガザに対する激しい攻撃は控えるだろう」、そして「人質の交換に応じるだろう」と読んでいたのではないか、というのが私の考えです。

シンワルは１９６２年、ガザ南部のハーン・ユニスの難民キャンプで生まれています。シンワルの両親は、１９４８年の第一次中東戦争の頃に難民となりました。もともとはガザより少し北にあるアシュケロンという港町に住んでいました。当時、ガザはエジプトが支配しており、その支配は１９６７年の第三次中東戦争でイスラエルが勝利し、ガザを占領するまで続きます。つまりシンワルは、エジプト統治下のガザで生まれ育ち、イスラエル占領下で成人しました。ちなみに、シンワルは同地のイスラム大学を、アラビア語を専攻して卒業しています。

ヤヒヤ・シンワル（dpa／時事通信フォト）

ハマスに入ったシンワルは、治安部門の責任者を務め、対イスラエル協力者の処刑に関与していました。１９８９年に「イスラエル兵に対するテロを計画した」として逮捕され、無期懲役の刑を科せられます。その後、２０１１年までの22年間を、イスラエルの刑務所で過ごしました。獄中でヘブライ語を覚えるなど、イスラエルに詳しくなっていきます。

２０１１年、シンワルは釈放されることになります。ハマスが捕らえたイスラエル兵との交換で、釈放されたのです。当時の交換条件は、ハマス側に圧倒的に有利でした。

イスラエル側はシンワルを始め１０２７人のパレスチナ人を釈放したのに、ハマス側はたった1名のイスラエル兵を釈放しただけ。つまりイスラエルにとっては、何よりも同胞の命は重いのです。一人の命を救うためには、大幅な譲歩もいとわない、という姿勢です。

シンワルは、自分自身の経験でイスラエル人の〝価値観〟を学びました。そして解放の「成功経験」が、シンワルの判断を誤らせたのではないか、と私は思っています。「イスラエル人を人質にすれば、彼らは国民の命を危険にするような攻撃はしてこない。またパレスチナ人の人質との交換にも応じてくるはずだ」とシンワルは考え、大規模な攻撃作戦を立てたとしても、不思議ではないのです。

▼なぜ、イスラエルは人質の命も顧みず、容赦なくガザを叩いたのか？

ところが、イスラエルは人質の命の危険を意識しつつも、今回は容赦のない攻撃をガザで展開しています。なぜ、シンワルの予想は外れてしまったのでしょうか？10月7日のハマスの作戦は、シンワルの予想以上の成功を収めてしまったからだと思います。

すでに解説したように、これまでハマスとイスラエルの間には4回の軍事衝突がありましたが、イスラエル側の損害は限定的でした。したがって、反撃の規模もイスラエル風に言えば「芝刈り」だったわけです。イスラエル側の人的損害は、1ケタか2ケタで、最も損害の大きかった2014年の衝突でも、イスラエル兵の戦死は71名です。しかし今回は1200名とされています。

イスラエルのヘリコプターによる誤射などもあったようですが、それにしても大きな犠牲です。イスラエルの総人口は1000万人。日本の12分の1です。イスラエルの受けた打撃を日本の人口比に換算すると、1万4000名以上が殺された計算になります。イスラエル国民の怒りや恐怖心は、想像を絶するものだったと思われます。

事件の再発を防ぐためならば、人質の命を危険にさらすこともやむを得ない、とイスラエル指導層が考え、〝路線変更〟を国民が支持したのも理解できます。今回は「芝刈り」ではなく「芝を根絶やし」にすると。

ではなぜハマスは、虎の尾を踏むような危険をあえて冒したのか？

実は、前項とは別の〝読み違い〟が絡んでいる、というのが私の考えです。

「できる限り多数のイスラエル兵を殺害し、多数の人質を確保する」という目標は確かにあったのでしょう。このため、年単位での周到な準備をしていたと見られています。実際にハマスの奇襲攻撃は、大規模かつ巧妙でした。しかし、それにしても「成功」しすぎでした。

これには、2つの原因が考えられます。一つは、イスラエル軍がヨルダン川西岸の騒擾《そうじょう》の対応で移動しており、ガザ周辺が手薄だった点です。

もう一つは、奇襲の日にガザの周辺で大規模な音楽祭が開催されていたことです。10月7日はユダヤ教の重要な祭日であり、宗教心の強いハマスの幹部には音楽祭をしていることなど想像できませんでした。事実、音楽祭の主催者は、会場は突然に決定されたと証言しています。奇襲をしかけたらたまたま一般人が多数いて、予想以上に多くの人質を確保できてしまったわけです。

こうして相互に相手を読み違えた指導者が、双方を率いています。「ハマスなんて簡単に制御できる」と考えていたイスラエルのネタニヤフ首相と、「予想外に成功しすぎた」ハマスのシンワルの対決です。双方の読み違いの結果、今なお血みどろの悲劇が展開されているのです。

▼なぜ、ハマスは怪物になったのか？

ＮＨＫの「国際ニュースナビ」に、かつてイスラエル諜報機関の長官を務めた人物のインタビュー記事が掲載されました。内部の実態を知る人物の〝見解〟は、私の推測がそれほど的外れではなかったと証明してくれました。記事を引用させていただきながら紹介したいと思います。[註]

註 https://www3.nhk.or.jp/news/special/international_news_navi/articles/qa/2023/10/24/35315.html ＮＨＫ国際ニュースナビ／２０２３年10月24日付

その人はアミ・アヤロン氏。「シンベト」という諜報機関の元長官です。イスラエルの対外諜報機関「モサド」は有名ですね。それと並び、国内や占領地を担当するのがシンベトです。

アヤロン氏はこう言います。「ハマスは怪物になりましたが、それはネタニヤフ首相の〝助け〟があったからです。その意味で、ネタニヤフ首相にも責任があります。そのことは、イスラエルの誰もが理解しています」と。そして、イスラエルの現状を次のように語ります。

「社会全体が恐怖に覆われ、ショック状態にあります。多くのイスラエル人が恐怖を感じ、そして、復讐を求めています」と。

ハマスの攻撃を事前に察知できなかった背景については、次のように話しています。「イスラエルの諜報活動は『SIGINT（通信傍受など）』や『HUMINT（人的情報収集）』などを基本としています。ですが、ガザでは人的な情報収集という面では弱い、と言わざるを得ません。そして、ハマスは十分に賢く、インターネットや携帯電話を使いませんでした。今回の攻撃の全体像を正確に把握していたのは、ハマスの中でも10人いるかいないかだと思います。（ハマスの）どの部隊も自分たちが何をしなければならないかを正確に知っていました。しかし、彼らはそれがいつなのか、そして、全体像については知りませんでした。少人数の指揮官だけが、直接会って話をしていたのです。インターネットや携帯電話、そんなものは何も使う必要がありませんでした。そして、（だからこそ）我々は何も知ることができなかったのです。これは諜報活動の大失態でした」

さらに、アヤロン氏は、イスラエルの今に至るガザ政策は間違いだとも断じています。くり返し言い続けてきたが、「そもそもハマスの理論と戦略を理解していない人たち」がイスラエル国内の選挙に勝ち、「選挙で選ばれたのだから何をやってもいい」という考えに基づいて、間違った政策が15年も続いてしまった、と悔しい心情を吐露しています。

何をどう間違えたのか？　次項でも、アヤロン氏の指摘を交えながらお話しします。

▼イスラエルのガザ政策は何が間違いか？どうすべきだったのか？

イスラエルが自国の隣に「パレスチナ国家」ができるのを拒んでいることはご存じでしょう。詳しくは、次章以降、歴史を踏まえて話しますが、戦争の渦中に置かれた当事者がどう考えているのかを、さらにアヤロン氏の言葉から引いてみたいと思います。

「『中東和平交渉の基本方針となってきた2国家共存の実現の阻止、イスラエルの隣にパレスチナ国家が誕生するのを阻止するためなら何でもする』という考え。そのためには、パレスチナの人々を分断しなければなりませんでした。

この15年間、ネタニヤフ首相率いるイスラエル政府にとって、ハマスが支配するガザとパレスチナ暫定自治政府のヨルダン川西岸を分断することは、非常に都合のいいことでした。

『パレスチナ人には統一した政府、指導部がない。だから、私たちは交渉することができない』。国際社会に対しても、国内向けにも『交渉したいのはやまやまだが、どうすればいいのか。話し合う相手がいない。話すことは何もない』と簡単に言うことができたのです」

しかし、イスラエルの分断政策は完全に間違いだったとアヤロン氏は言い、理由も説明しています。

「パレスチナの人々は自分たちを一つの民族とみなしています。よりよい経済やよりよい教育だけを求めているのではありません。自由を勝ち取り、占領が終わることを求めているのです。ハマスとファタハをどんなに分断させようとも、少なくとも占領を終わらせるということに関して、彼らが分断されることはないのです」

さらに、アヤロン氏は、解決策も示しています。

「ハマスとは軍事部門だけではなく、イデオロギーそのものでもあります。イデオロギーを破壊することはできません。軍事力を使いすぎると、逆にイデオロギーに力を与えてしまうこともあります。人々の意思を抑圧することはできないのです。

ハマスの軍事部門を壊滅することはできるでしょう。(中略)イスラエル、パレスチナ双方に非常に大きな痛みを伴いますが、達成することは可能です。しかし、政治的、イデオロギー的な組織であるハマス、そして多くのパレスチナ人が支持しているハマスを打ち負かすには、人々によりよい選択肢を提示するしかありません。（中略）ハマスと戦う唯一の方法は、2つの国家という政治的地平をパレスチナ人に提示することだと思います。国際決議に従って、イスラエルの隣に国家を持ち、2つの民族のための2つの国家を実現するのです」

つまり、戦争ではなく和平をと訴えているわけです。

▼イスラエルVSハマスの休戦、双方の本音は？

2023年11月24日に休戦が始まり、世間では「このまま停戦に向かうのか」と期待が高まりましたが、結局、休戦期間は7日間にとどまりました。以降はイスラエル軍が空爆を再開し、攻撃はさらにエスカレートしました。開戦直後にガザ北部が破壊し尽くされました。そして今では大半の地域が壊滅状態にあると予想されます。

ハマス側、つまりパレスチナ側としては、撃たれっぱなしの状態にあったわけですから「休戦はありがたい」と思っていたはずです。

そして「狙い通り」とも思っていたことでしょう。

というのは、ハマスは今回の作戦で、およそ240人のイスラエル人を人質に取りました。人質を最大限に活用して、休戦をできる限り延長したいと目論んでいたからです。攻撃力ではイスラエル軍が圧倒的に有利なため、ハマスはボロボロです。このため「休戦期間中に態勢を立て直したうえで〝早期停戦〟に持ち込みたい」というのが本音です。

これに関しては「狙い通り」というわけです。ただし、成功というわけではありません。

兵士だけでなく、子どもや女性を含む多数の一般人がこの戦いで亡くなり、町は壊滅状態にされてしまったわけですから、ハマスとしてもやりきれない思いはあると思います。

では、イスラエル側は、どう思っているのか？

「休戦したくなかった」というのが本音でしょう。本当は、力で叩き潰《つぶ》したいと思っていたはずです。しかし、2つの理由で強行するわけにはいきませんでした。

一つは、人質家族に配慮してのことです。家族としては「攻撃をやめて、取り返してほしい」と訴えるのは当然のことであり、政府としては、国民の声を無視するわけにはいきません。

もう一つは、アメリカが強い圧力をかけたからです。アメリカにとって、イスラエルは大切な友好国ですが、戦争の惨状を知ったアメリカ国民もさすがに黙ってはいません。「イスラエルへの支援をやめるべきだ」という意見が強くなり、アメリカ政府も次第に大きくなる声を無視はできませんでした。

そもそも、なぜアメリカがイスラエルを支援するのか、という点については、後ほど詳しくお話しします。

いずれにせよ、休戦は一時的だったとはいえ、イスラエル側もハマス側も、一部の人質が解放されたわけです。限定的ですが、休戦には意味がありました。

▼なぜ、休戦は7日間で止まってしまったのか？

この戦争が始まる前、イスラエルはおよそ4000人のパレスチナ人を拘束していました。圧倒的な軍事力を誇るイスラエルに、ハマスがわざわざ戦争をしかけたのには、いくつもの理由がありますが、その一つは、人質を解放してほしかったからです。開戦時にハマスが、イスラエル側から多数の人質を取った理由です。

休戦の条件は、おおむね次のようなものでした。

・ハマスが人質を10人解放するごとに、イスラエルは30人を釈放する。
・約束通りに人質を解放したら、休戦を1日延ばす。
・期間中は、お互いに戦闘行為を中断する。
・イスラエル軍によるガザ地区の監視を北部では1日6時間、南部では終日停止する。

イスラエルもハマスも、できる限り大勢の人質を取り返したいので、いわゆる〝大物〟は温存し、女性や子どもから解放していきました。〝人質ビジネス的〟に言えば、価値の低いところから取引が始まったのです。ハマス側は、イスラエルの兵士は解放していませんし、イスラエル側もハマスの幹部は解放していない。石を投げた子どもなどは解放しましたが、本丸までたどり着いていないのです。

ではなぜ途中で「人質解放の取引」は頓挫し、戦争が再開されてしまったのか？

ひと言で言うと、イスラエル側がキレたからです。

イスラエル側の計算では、人質は他にもまだ何十人もいるはずです。ところが、肝心な人たちが解放されず、「もうこれ以上、人質はいないから遺体を渡す」と言ってきた。これに対しイスラエルは、「ならば、攻撃を再開して、徹底的にやるぞ」とキレたわけです。

しかし、実はハマス側は、本当にイスラエル人の人質の全員を把握できていない可能性もあるのです。なぜなら、ハマス以外の組織が5～6つはあり、混乱に乗じて、別の組織が人質を取ったかもしれないからです。あるいはガザ地区があれだけ壊滅状態になっていれば、通信網も破壊され、情報のやりとりがうまくできない可能性もあります。

というわけで、ハマス側にも多少の弁解の余地はあるのですが、イスラエルはハマスは信用できないと聞く耳をもたず、戦闘を再開してしまったのでした。

▼休戦でハマスは有利、イスラエルは不利になる？

たとえば、スポーツの試合では、不利なチームが「タイム」を要求します。休憩をはさむことで、悪い流れを断ち切り、態勢を立て直すためです。疲れている選手に休息をとらせる意味合いもあるでしょう。逆に、有利なチームは、勢いを削《そ》がれてしまいます。

戦争も同じです。今回の休戦は、ハマスにとっては、一息つけて、態勢も立て直せるという〝恵みの多い〟ものとなりました。さらには、SNS等を使って、国際世論を味方につけることにも成功したようです。

イスラエルの人質が解放されるシーンの映像を、ニュースなどで見た人もいるでしょう。

ハマスの兵士に「ありがとう」と言って、手を振るイスラエル人の親子の姿などが映し出されました。

世界中の人が〝残忍なテロリスト〟のイメージにとらわれ、過酷な捕虜生活を送っていると思っていただけに、そのギャップが却《かえ》ってハマスの評判を高めることになったのです。

振り上げた拳《こぶし》は、すぐには下げられませんから、本来なら、和平を前提にしたうえで、休戦を何度かくり返しながら、休戦期間を延ばしていき、最後は終戦となるのが理想でしょう。しかし、再度の休戦はしばらくない、というのが私の予想です。

なぜそう考えるのか？　それは実際の内外の動きが、戦いがしばらく続く現実を示しているからです。

たとえば、周辺国のカタールの動きです。カタールは天然ガスが出るためとても裕福なのですが、「お金持ち」がハマスに資金を提供し、活動を支えています。

それはイスラエルも承知の上です。カタールには、イスラエルの諜報機関「モサド」の長官らが入り、交渉を行っていました。しかしモサドの幹部は、カタールからいったん引き上げたのです。これは「交渉は暗礁に乗り上げた」ことを意味しています。

通常、交渉は水面下で行われます。外交官が行って、ハマスと握手しているわけではありません。そもそもハマスはテロ組織とみられ、アメリカを始め、国際社会は認めていません。ですから、表立った交渉をするわけにもいかず、そこには裏社会の面々が集まります。つまり諜報機関同士が交渉するわけです。

当然、アメリカではＣＩＡが担当して、そういう取引を行っています。後ほど詳しく話しますが、ガザにはろくな産業がありません。ガザで暮らすパレスチナ人も、失業者だらけです。そんな中で、ハマスはどうやって活動し、生きてきたのか？

答えは、カタールが支援しているのです。カタールの人が、毎月、ボストンバッグなどに100ドル札を山ほど詰めて、イスラエル経由でガザの町に入ります。そのお金をばらまいている。そのような〝支援〟があるおかげで、ハマスは生きていられたのです。

イスラエルは、カタールの存在を知っていながら見逃してきました。先ほども言ったように、ハマスが存在することで、ヨルダン川西岸のパレスチナ暫定自治区とガザ地区が分断されるからです。これによって、和平交渉はできなくなる。そして、その隙に、イスラエルは、ヨルダン川西岸をどんどん入植地にしていくわけです。

さて、2024年2月にＣＩＡやモサドの長官たちがカイロに入りました。人質の解放と休戦の交渉のためでしょう。楽観はできませんが注目しています。

▼ハイテクの国が貧乏な国に負けた!?

本章の冒頭に、用心深いイスラエルがハマスの奇襲を防げなかったのは、〝読み違い〟があったからだと説明しました。イスラエルの誤ちの裏事情について、もう少し深掘りしてみます。

イスラエルとハマスは過去に4回戦っていますが、いずれも小規模なものです。ハマスがちょっと強くなってきたら攻撃して力を削《そ》ぐ。イスラエル風に言うと「芝刈り」です。ハマス自身も「出すぎたらとことん叩かれる」とわかっているので、バカなことはしません。〝暗黙の了解〟が双方にあったわけです。

イスラエルはこれに油断した。一方、ハマスは逆手にとったのです。

ガザでは仕事が少ないため、イスラエルに行って日雇い労働をします。イスラエル側は、その人数を絞り、厳しく管理していました。

ところが、ハマス側は「もっと人数を増やしてほしい」と申請していました。イスラエル側は、これでハマスは住民の「生活をよくしたいのだろう」と思っていました。しかし、結果的に、イスラエルの油断を招きました。「ガザの人々の生活が苦しい状況で、ハマスが大規模な攻撃をしかけてくることはない」と思ってしまったのです。一般的なイスラエル人の感覚からすると、「自分たちはハイテクの国で軍事力もある。敷設した高い壁にはセンサーも付いている。われわれの国に、あんな貧乏で劣ったアラブ人が、大規模な戦争なんてしかけてこられるはずがない」と慢心していたわけです。

イスラエル人には、こういう傲慢なところがあるようです。というのも、ちょうど50年前の1973年10月6日、第四次中東戦争でエジプトとシリアがイスラエルに対して奇襲攻撃をしかけました。その時もイスラエルは「そんなバカな。アラブ人が戦争なんかできるわけない」と思っていたので、やられてしまいました。

その前の第三次中東戦争に大勝したイスラエルは、アラブ人は二度と挑戦してこないだろうと思い込んでしまっていたのです。戦争に勝つとよくない面が出ます。知らず知らず驕《おご》りが出て、傲慢になってしまうのです。

実は、今回の戦争が始まる前、いろいろな情報がイスラエルには届いていました。たとえば、隣国エジプトは「危ないよ」と通告していましたが、耳を傾けなかったそうです。

最近では、現場からの報告を無視した、という話も漏れ出てきています。望遠鏡で監視していたイスラエル兵が「ハマスが変な訓練をしている。危ないのではないか？」と上官に報告しましたが、「大丈夫。放っておけ」と言って取り合わなかったと。報告をした兵士は女性だったため、「女が何を言ってるんだ」と取りつく島もなかったそうです。

いずれも、イスラエルの慢心と油断を物語るエピソードだと言えるでしょう。

▼イスラエルの失態の内部情報が漏れてくる

今、イスラエルの失態に関する驚くべき情報が、イスラエル内部から漏れ出てきています。たとえば次のようなものがあります。

「イスラエル側がハマスの奇襲作戦が書かれた文書を1年ほど前に入手していた」という情報です。「グライダーを使って奇襲をかける」などの情報を得ていたのに、「いや、この文書はハマスが『こういう作戦をやりたい』と言っているだけで、『実戦で実行する』と言っているわけではない」と楽観的に捉え、何も対処しませんでした。結果は、件《くだん》の作戦文書に書かれた通りのことが起こっているわけです。

なぜ、重要文書は無視されたのか？　情報はどこまで上がっていたのか？

そして、なぜそのようなインサイダーの情報が、今になって出てきたのか？

これを明らかにすることで、今のイスラエルの内情が見えてくると思っています。

調べ直したこの情報は『ニューヨーク・タイムズ』がスッパ抜きました。イスラエルのメディアは、軍部や諜報関係の規制がかかっており、「これ、ダメ」と言われたら印刷できません。このため〝何者か〟が『ニューヨーク・タイムズ』にリークしたというわけです。

誰がリークしたのか？　それはわかりません。でも、2つの方向性が考えられます。

もし私がネタニヤフ首相なら、リークするだろうと思います。「こういう文書があったのに自分のところまで来なかった。だから自分の責任じゃない」と批判をかわせます。

あるいは、現場の人ということもあり得ます。上層部の腐敗ぶりがひどい場合です。実際に危険を背負うのは現場ですから、せっぱつまった状況を変えるために決死の覚悟で内部告発をする。
いずれにしても、イスラエルの傲慢さによって、組織の機能が鈍化していたことは間違いありません。サイモン&ガーファンクルの『ボクサー』という曲の一節にこうあります。
「それでも人は聞きたいことを聞いて、聞きたくないことは無視するんだよね」（著者訳）
ちなみにサイモン&ガーファンクルもユダヤ系です。

▼イスラエルはパレスチナ人をなめていた

イスラエルは、アラブ人をバカにしすぎていましたね。そして、安心しすぎてしまった。

慢心の怖さは、後でわかるのでしょう。日本では昔から、「勝って兜《かぶと》の緒を締めよ」と言われますが、これは世界的に同じで、人間の性《さが》と言えるものなのでしょう。

とくにイスラエルの場合、虐げられてきた歴史を持つだけに、気が緩《ゆる》んでしまったのかもしれません。なにしろ、220万人ものパレスチナ人をガザに閉じ込めて、そのそばで大音楽祭をやるくらいですから。しかもあの日、10月7日はユダヤ教の神聖なる日でした。本来なら、家で聖書などを読みながら自身を省みる日なのに、会場で踊り狂っていたのです。

イスラエルの人は、普段は、ヨルダン川西岸も行きませんし、ガザなどに誰も入りません。若者は徴兵制があるので占領地に行きますから、ひどいことが行われている現実は知っているはずですが、除隊したらそれを忘れてしまうのでしょう。あるいは「臭いモノにはフタ」とばかり、嫌なことから目を背けてしまうのでしょう。

▼イスラエル軍の反撃の犠牲となったユダヤ人？

10月7日に戦争が始まり、初期の段階でイスラエル側の死者数はおよそ1400人と発表されました。これは民間人も含まれた数です。

ところが、その後、死者数は1200人だと修正されました。実は、これには宗教的な理由があります。ユダヤ教では、ご遺体がばらばらの状態ではいけないとされています。できる限り全身が揃うようにするために、ばらばらになったご遺体の部分をDNA鑑定しながらつなぎ合わせる、ということをしました。その結果、イスラエル側の死者数は1200人ということが判明したわけです。減った200人は、パレスチナ人だということもわかりました。

ガザの周辺にあるイスラエルのキブツなどの、戦闘後の写真を見たことがある人もいるでしょう。家が吹き飛ばされ、壁が崩れ、瓦礫《がれき》の山となっていましたね。とてもではありませんが、ハマスが自動小銃で撃っただけでは、このような状態にはなりません。イスラエル側の空爆があったのです。

奇襲された後、それほど間を置かず、イスラエルはヘリコプターによる空爆を行ったのですが、この時、多数のイスラエル人が巻き込まれたことも、後に判明しました。またイスラエル軍の戦車が住居を砲撃して、ハマスの戦闘員と同時に同胞を殺害してしまいました。

イスラエル側は、それを大々的に認めることはないでしょうが、被害の全貌は少しずつ明らかになってくると思います。

いずれにしても、ハマスの奇襲攻撃により、1000人以上のイスラエル人が亡くなったわけです。イスラエルとしては「絶対に許さない」となったのでしょう。

ちなみに、自爆テロなどは無差別に行われるため、多数の人が巻き込まれて亡くなります。すると誰が亡くなったかも、何人亡くなったかもわかりません。瓦礫に埋もれたご遺体もあります。そのような現場で、丹念に、ご遺体の収集をする人がいるのです。こうした仕事は、ボランティアのような人が行っていると聞きました。

重苦しい作業にあたりながら、どのような思いを抱いているのか、想像もつきません。憎しみなのか、絶望なのか、あるいは祈りなのか。

▼人質の数が多すぎた⁉

今回のハマスの奇襲は〝予想外に成功した〟と123ページで話しました。ハマスは、ガザとイスラエルとの境界近くにある検問所やキブツに侵入しました。その検問所の建物の構造や色などの詳細な情報を得ており、万全な計画を立てていました。おそらく、ハマスとしては「人質は何人か確保しよう」「その人質をどこに収容しよう」「食事や寝具はこうしよう」などと、準備を整えていたと思います。

ところが、思惑以上に、多くの人質を確保してしまったわけです。〝できすぎ〟の理由は、119ページでお話ししましたが、大きく分けると2点。

①イスラエル側の油断。

②たまたまそうなった。

ここでは②の「たまたま」について、補足します。2023年10月7日に奇襲を実行することは、おそらくかなり前から決めていたはずです。ユダヤ教では土曜日を「安息日」と定めています。詳しくは金曜日の日没から土曜日の日没までです。

この日は仕事をしてはいけない日です。熱心なユダヤ教徒は車の運転もしませんし、エレベーターのボタンすら押しません。10月7日は、そうした安息日の中でもとくに大切な祭日でした。

熱心なイスラム教徒であるハマスとしては、そんな日に、イスラエルの民がフェスティバルを催していることなど、思いもしなかったでしょう。ですからその日を選んで、奇襲をしかけたわけです。それなのに想定外に民衆がわんさかいた。そして、これまた想定外に、多数の人質を確保できてしまったというわけです。

また、ヨルダン川西岸地区の状況が悪かったため、イスラエル軍がそちらに多くの兵力を移動させていたことも、ハマスにとっては幸運だったと言えるでしょう。さらに、イスラエル国内では司法改革を巡り、毎日、デモが続いていました。「ハマスになんて構っていられない」という状況だったわけです。10月7日、複数の想定外が重なり、ハマスの奇襲は成功したのです。

▼イスラエルは、ハマスをどこまで叩き潰すのか?

ユダヤ人は、イスラエル成立以前は、国家権力が守ってくれないので、自分たちの団結で身を守ってきた歴史があります。とても同胞を大切にします。過去には、122ページで紹介したようにたった一人の人質を解放してもらうために、1027人のパレスチナ人を解放したこともあります。ですから、今回の奇襲で一気に1000人

を超える同胞を殺されたイスラエルが「ハマスを根絶やしにする」「殲滅《せんめつ》する」と怒りに燃えているのです。

では、「根絶やしにする」（殲滅する）というのは、ガザの人を、子どもや女性も含め、すべて殺害する、ということなのでしょうか？

おそらく、一部の人は、それが望ましいと考えていると思います。地上攻撃も行われていますから、民間人で犠牲になる人は、どんどん増えています。いっぽうで「指導部だけ」とか「軍人部門だけ」を殺害すればいい、という考えの人もいます。ですから、今のところは「ハマス殲滅」の定義は、曖昧《あいまい》です。

そもそも、イスラエル側からしてみれば

「ハマスとは意見は合わないが〝使える〟」と思っていたわけです。だからこそ、適度に「芝刈り」して勢力をコントロールしながら、その存在を認めていたわけです。ところが、いつのまにか〝とんでもないフランケンシュタインになっていた〟ということがわかった。奇襲を受け、戦ってみて、その〝怪物ぶり〟に驚愕《きょうがく》したのです。そこで「これはもう甘く見ていてはいけない。とどめを刺すしかない」と思い直したのです。

ネタニヤフ首相は「ハマスの戦闘員はみんな死ぬ」と宣言しています。

そのためには何が必要か？　という観点から、「空爆だけでは足りない。地上攻撃もしなければならない」と判断したのでしょう。実際に、ガザに地上部隊が乗り込み、占領の範囲を広げていっています。もともと、ガザ地区は、イスラエルが支配していた土地ですから、イスラエルの胸の内としては〝再占領をする〟ということなのかもしれません。

ネタニヤフはハマスの「殲滅」を戦争の目標に掲げています。しかし〝殲滅〟の範囲がどの程度なのかは、今の段階では見えてきていません。ハマス関係者全員の殺害なのか、あるいは、主要な指導層を殺害したり、捕らえたりすることで「殲滅」とするのか。殲滅の定義も曖昧ですから。

おそらく最低でも、指導層の殺害や拘束はしようと考えているでしょう。でも、指導層を葬っても、次の世代が上がってくるだけで、根本的な解決にはなりません。ですから、民間人も含め、すべての人を殺害する、という発想をすることもあり得るわけです。一部とはいえ、イスラエルの政治家の発言のあまりの過激さに、ゾッとしています。

▼ハマス殲滅にはどれくらいの時間がかかるのか？

ガザ戦争は、どれくらいの時間軸になるのでしょう。半年なのか、1年なのか、あるいは数年に及ぶのか？

イスラエル側としては「早期に決着をつけたいが、そういうわけにもいかない」というところだと思います。なぜなら、100人以上の人質が取られているからです。人質を殺さないように戦う、ということになれば、当然、時間はかかります。

もう一つ、戦争が長引く理由は、ガザに掘られた地下トンネルの存在です。地下トンネルの総延長は、500キロメートルに及ぶと言われます。これはロンドンの地下鉄の総延長よりも長いのです。地下に逃げ込んだ兵力を叩くのは、簡単ではありません。ハマスは地下を移動しながら攻撃をしてきますから、姿の見えない敵に、圧倒的な軍事力を誇るイスラエル軍も手こずっているわけです。

そもそも、ガザ自体が、ひじょうに人口密度が高く、込み入った場所です。そういう場所で市街戦を行えば、当然民間人の犠牲者が出ます。イメージとしては、新宿とか原宿で戦っているようなものです。ハマスの兵士は、ビルの中に隠れ、そこから銃撃してきますから、攻め込むイスラエル軍としては、不利な戦いになるのです。

ちなみに、過去、イスラエル軍がヨルダン川西岸地区のパレスチナ人の地区を制圧した時は、市街戦らしい市街戦はやりませんでした。入っていくところは全部壊すのです。建物の間を走ったら撃たれるので、建物を全部壊していく。

今回の戦争では、イスラエルが徹底的に空爆を行い、まずはビルを壊しています。そこをブルドーザーで整地して更地にしていく。そうやって進入路を作るのです。もちろん、ハマスも町のあちこちにブービートラップや地雷などをしかけていますので、それを排除しつつ整地しています。ハマス軍は、そういう〝ゲリラ戦〟に持ち込んだほうが勝機を得られるのでしょうが、イスラエル軍には「相手の用意した土俵に立つつもりはない」ということなのでしょう。その分、ビルが爆破されて犠牲になる民間人が増えているわけですが。

ガザ地区のどれくらいが爆破されたかはわかりませんが、「侵入路にする」と決めたところはすべて破壊して更地にしていると思われます。

▼地下トンネルの複雑さ、困難さ

ガザでは、2024年3月の段階で、まだ激しい戦闘が続いています。イスラエル軍は予想以上のハマスの激しい抵抗に手こずっているのが実情でしょう。

ハマスの抵抗を支えているのが、紹介してきた地下トンネル網です。イスラエル軍はガザ北部を制圧したとして攻撃を中部や南部に向けていますが、ハマスがSNS上で公開しているゲリラ攻撃の映像では、依然として北部でもイスラエル軍の兵員や車両などの損害が続いています。

対ゲリラ戦術の用語では、ゲリラを打ち破るためには、「クリア・アンド・ホールド」が条件となります。クリアというのは、掃討戦でゲリラを一掃することです。すべての建物、すべての階、すべての部屋からゲリラを一掃します。これが「クリア」です。そこに兵員を配置して、その状態を維持します。これがホールドです。

こうしてクリアしてホールドした地域を広げていくのが対ゲリラ戦術になります。ところがガザの場合には、トンネルが多く、その中は危険すぎて入ってゆけません。爆弾がしかけられている場合が多いからです。またトンネル内の状況はイスラエル兵にはわかりませんが、ハマスの兵士は熟知しているので、戦闘は不利になります。

仕方なく、トンネルの出入り口を見つけ次第、爆破してふさいでいます。ただ、イスラエル側が、すべての出入り口を把握しているわけではありません。しかも、ハマス側はイスラエル軍の背後に新たな出入り口を掘っているようです。

したがってイスラエル側がクリアと思っていても、その背後からハマスの兵士が現れて不意を突いてくるのです。完全にクリアもホールドもできない状況のようです。

また、ガザ南部ではハマスの指導者のシンワルの地下の居場所をイスラエル側が特定したとの報道もあります。ただ周りに人質がいるため、イスラエルが攻撃しにくい状況だと思われます。イスラエル軍は空でも海でも地上でもハマスを圧倒していますが、地下では苦戦しているのです。

このトンネル網に関しては、後ほど、また解説しましょう。

▼「戦後復興」統一国家のシナリオ

今回の戦争が、いつ、どういう形で終わるのかは、明確ではありません。戦争が始まってから4か月以上が経過した2024年2月下旬段階でも、まだまだ激しい戦闘が続いています。

ところが、イスラエルは、ガザから一部の兵力を撤退させました。ガザでの戦争が完了していない中での動きでした。ハマスなどは、これをイスラエルの敗北とみているようです。

別の見方は、レバノンのヒズボラと本格的な戦争を開始する準備にイスラエルがとりかかったからでしょうか。そのために、兵力を南のガザから北部へ移動させようとしているのかもしれません。

ガザでの悲劇が終わる前に、戦争はレバノンをも巻き込んで広がる兆候を見せています。

ところで、ガザでの戦闘は続いているのですが、この戦争が終結した後にイスラエルは、そしてイスラエルを支持してきたアメリカは、ガザをどうしようとしているのでしょうか。戦後の平和や復興のプランはどうなっているのでしょうか。

まずアメリカの描く「ザ・デイ・アフター」です。すなわち戦後のシナリオです。アメリカは、ヨルダン川西岸のパレスチナ暫定自治政府にガザを統治させようと提案しています。パレスチナ暫定自治政府が腐敗しているとの評判は紹介しましたが、アメリカは暫定自治政府に身を清めさせて、ガザでの役割を期待しているわけです。

アメリカの思惑通りになれば、ガザとヨルダン川西岸を一つの政府が統治する形になります。一つになった暫定自治政府をイスラエルと交渉させて、将来のパレスチナ国家を樹立し、問題の最終的な決着を図りたいというのがバイデン政権の壮大な構想です。

対するネタニヤフ首相は、イスラエルによるガザの再占領と再度の直接統治を主張しています。ネタニヤフ首相は、そもそもパレスチナ国家を望んでいないのです。これまで何度も言及した通りです。つまり、ヨルダン川と地中海の間のすべての土地をイスラエルが支配すると主張しています。

こうした強硬な主張の背景には、2022年末に成立したネタニヤフの政権の性格があります。現在のネタニヤフ政権は極右政党を含む連立政権です。

この政権内極右の政治家たちは、2005年の撤退前のようにガザに再びユダヤ人を入植させたいのです。2005年の撤退というのは、この年に当時のシャロン首相がガザからユダヤ入植地を撤去しイスラエル軍を撤退させた決断に言及しています。パレスチナ人の抵抗の激しいガザへの入植を放棄して、代わりにヨルダン川西岸への入植に集中するというのが、シャロンの計画でした。

その前提となるのは、パレスチナ人の民族浄化です。つまりエスニック・クレンジング、ジェノサイド（大量殺害、集団殺戮、もしくは集団追放）と呼ばれる政策です。

戦争が終わる前から、戦後構想に関してアメリカとイスラエルの間にさえ対立があるのです。そして、この戦争は、終わるどころか拡大の勢いを見せています。

▼ガザのハマスを殲滅しても、次のハマスが現れる？

イスラエルは「ハマスを根絶やしにする」と言っていますが、私は現実的には不可能だと思います。ガザを完全に制圧しても、政治指導部は、カタールやトルコに残っているからです。だから、おそらくハマスは潰せません。

それより、「この程度のハマスではダメだった」ということで、さらに過激な組織が生まれてくる可能性さえあります。もちろん、その時は「ハマス」と名のるかどうかはわかりません。実態はハマスでも、名前を変え、別の組織として生まれ変わってくるかもしれません。叩いても叩いても、叩きされる保証はないのです。

ハマスの不滅の生命力がわかっているから、イスラエルはこれまで、ハマスと共存してきたわけです。ハマスは口では一応、過激なことを言う。いっぽうのイスラエルも「ハマスはテロ組織なので認めない」と言い、たまに小規模な戦いを行い、力をつけすぎないようコントロールしていたわけです。つまり、双方が〝暗黙の了解〟のもとに共存していたわけです。

「水面下の交渉」も行われていたに違いありません。しかも、イスラエルとしては、ハマスがガザを牛耳ってくれていることは都合がよかった。
「パレスチナ暫定自治区と和平交渉したくても、ファタハとハマスのどっちと話していいかわからない。だから和平交渉はムリ」と、和平が進まないことの理由にできたからです。そして、その間に、ヨルダン川西岸地区に、どんどん入植地を作り、実質的な併合を進めていったわけです。すでに見てきた通りです。

ところが今回、ガザのハマスを完全に叩かねばならないことになってしまいました。もし、新たに過激なハマスが誕生すれば、それこそイスラエルとの「水面下の交渉」も途絶えてしまうでしょう。PLOを叩いた後にハマスが出てきたようなことが、また起こるのが普通です。

ですから、ハマスを殲滅して占領して、新たな統治機構をつくったとしても、それで情勢が安定するとは考えにくい。むしろ、今より不安定になるかもしれません。さすがにイスラエルが負けることはないでしょうが、国内が乱れることは間違いないでしょう。なぜなら、イスラエルの人口の2割はパレスチナ人ですから。すぐ隣のガザで、同じ民族を多数殺された人たちが黙っているとは思えません。それは、ヨルダン川西岸地区においても同じです。

ですから、イスラエルの治安維持は、さらに厳しくなると思います。今回の戦争で、イスラエルは36万人の予備兵を動員しましたが、それは治安維持部隊として備えたいという思惑もあってのことだと思います。

▼なぜ病院を狙うのか、なぜ無差別に殺すのか

ガザの町にある病院が爆撃され、女性や幼い子どもも含め多くの犠牲者が出たことに、強い憤りを感じた人も多いでしょう。「なぜ、そんな非道なことができるのか?」と、世界中から非難の声が上がりました。これに対するイスラエル側の反論は、次のようなものです。

「ハマスは病院を隠れ蓑《みの》にしている。病院の地下のハマスの司令部を叩くのだ」と。

ハマスの司令部が地下にあるのかどうか、本当のところはわかりません。イスラエル側は地下室の映像を公開しましたから、確かに地下室はあるのでしょう。ですが、本当にそこがハマスの司令部だったという確証はありません。

そもそも、ガザは2005年まで、イスラエルが支配していた土地です。爆撃を受けたシファ病院も、イスラエルが建て替え、その支配下で大きくなった病院です。イスラエルの元首相で、国防相経験もあるエフード・バラク氏は、CNNのインタビューの中で、シファ病院の地下トンネルについて、こう話しています。「あれはイスラエルが掘ったものだ」と。

インタビュアーが驚いて「え、もう1回言って。イスラエルが？」と聞き返すと、「そうだよ。俺たちが掘ったんだ」と断言しています。ですから、地下室の存在自体は、何の証拠にもなりません。たとえば、もっと深い地下室があるとか、ハマスの司令部があったという確かな根拠を見せてくれないことには、おいそれと信じるわけにいきません。

かつて、2003年にアメリカが「イラクが大量破壊兵器を持っている」という理由で、武力行使に踏み切り、イラク戦争が始まりました。首都バグダッドは大規模な空爆を受け、フセイン政権は3週間で崩壊しました。しかし、結局、大量破壊兵器は発見できなかったのです。

イラク戦争により、多くの命が奪われたことは言うまでもありません。イラクではその後、宗派間の対立が起きたり「ＩＳ」などの過激派組織が台頭したりして、さらなる混乱と多数の犠牲者を生んだことも大きな教訓なのです。

▼なぜハマスは「今」立ち上がったのか

今回の戦争の根底には、深い絶望があると前にも述べました。ハマスがこれだけの大作戦を遂行するには、かなり前から動き始め、準備していたはずです。私もガザには何度も足を運びましたが、壁で覆われた町は、本当に「世界最大の天井のない監獄」という表現の通りです。封鎖が続き、希望の光が見えない。しかも、命を維持するための地下水に海水が混じり、飲めなくなってきている。

しかし、なぜ、今このタイミングだったのでしょうか？　いくつかの理由が重なったと考えられますが、比較的最近の歴史を振り返りながら考えてみたいと思います。くり返しを恐れずに、復習を兼ねて最初から説明します。

まず、主な登場人物としては、イスラエルのネタニヤフ首相が挙げられます。ネタニヤフは、ラビン暗殺後の1996年に首相になった人物で、パレスチナ国家の建設に反対する〝タカ派〟として知られます。過去四半世紀以上の間、ネタニヤフは常にイスラエル政局の中心にいました。この人は、「そんなエネルギーがどこから湧いてくるのか」と不思議なくらい精力的な人なのですが、そのためか、敵も味方も数多くいます。

イスラエルには、多数の政党があり、連立して政権をつくります。そして2022年12月に、第6次ネタニヤフ政権が始まりました。現在の政権です。

ところが、数合わせで苦労したのか、あり得ない政党を連立に引き入れてしまいました。非常に過激な考え方を持つユダヤ教徒至上主義の人たちです。ユダヤ民族主義政党とでも呼ぶべきでしょうか。

この人たちを、内閣に入れたことが大問題でした。彼らは「ヨルダン川西岸地区は、全部イスラエルのものだ」と強硬に主張したわけです。もちろん、イスラエルは以前から、将来のパレスチナ人の国家の領土であるべきヨルダン川西岸地区などに入植者を増やしたりして、その地を実質的に併合しようとしています。それでも、表向きは穏やかに「和平も考えます」的な振る舞いをしていたわけです。ところが、過激な人たちが内閣に入ると、露骨に自論を表に出し始めました。そして入植活動のアクセルを踏み込みました。

またエルサレムには「アル＝アクサ」というイスラム教の礼拝堂、いわゆるモスクがあります。ここはメッカ、メディナのモスクに次いで3番目に重要なモスクです。エルサレムのモスクの聖域の岩から、預言者ムハンマドが天に昇って降りてきたとイスラム教徒は信じています。至高に〝神聖な場所〟なのです。聖域にもユダヤ人は堂々と入ってきます。イスラム教徒としては、絶対に許すことができません。「神聖な場所を汚している」と考えるからです。

ちなみに、今回のハマスの作戦名は「アル＝アクサの洪水」です。「ノアの箱舟」をご存じでしょう。「世の中が乱れてきたので神が洪水を起こして正義の人だけを残した」というものですが、ハマスは洪水を引っ掛けて、作戦を実行した。「今、このタイミングでやらないとまずい」という危機感が、ハマスを動かした、というのが一つ目の理由です。

つまりガザが封鎖されて、民が苦しんでいるからです。しかも西岸の状況が、あまりにもひどいからです。この世の地獄を変えたいのです。

2つ目の理由は、アラファトの跡を継いだPLOの指導者アッバースが、80歳を超え、世代交代の時期にある、ということもあるでしょう。

パレスチナ人の中では、誰がリーダーシップを握るのか、という議論が常にあります。

ヨルダン川西岸地区は「パレスチナ暫定自治政府」が押さえています。自治政府は実質、アラファトが支配したPLOであり、その中心である「ファタハ」という政党が主導権を握っています。日本で言うと、自民党の「○○派」が力を持ち、政権の中枢を担うようなものです。

PLOのトップに立つ指導者が高齢になった。「次はどうするのか?」とさまざまな組織が模索する中で、ハマスは「俺たちが主導権を握る」と積極的に動いたわけです。「ここでイスラエルに一泡吹かせて男を上げる」というアピールの意味もあったと思います。

ガザとヨルダン川西岸では、やはり絶望度は違います。「窮鼠《きゅうそ》猫を噛む」という諺《ことわざ》がありますが、追い詰められたガザのハマスは、捨て身でくるから怖いのです。

4章

イスラエルとパレスチナ ジェノサイドの悪夢

毎日報道されているのに
意外と知らないガザの惨状

▼地下トンネルはどれくらいある？

今、おそらくガザには、相当な数の地下トンネルが掘られていることは確かでしょう。

一説によると、総延長は500キロメートルもあるとか。2007年に、ハマスがガザを支配するようになってから掘り始め、粛々と延長してきたと思われます。北朝鮮の技術者が入ったなど、いろいろな噂もあります。

イスラエル軍が集中的な空爆を行い、ガザの地上は壊滅状態だというのに、ハマスが戦いを続けていられるのは、まさに地下トンネルがあるからです。ガザの住民には3万人以上の死者が出ていますが、ハマスの兵士が無事でいられるのは、地下に避難できているからです。

また、ハマスは徹底的に軍事施設を爆撃されているにもかかわらず、いまだにロケットを撃ってきます。これも地下でロケットを移動させて、空爆で一つの発射口が破壊されても別の発射口から発射させているのでしょう。1か所が潰されても、移動して他の場所から撃っているのです。

ガザ地区の地下トンネル。2024年2月8日、イスラエル軍によるメディア向けツアーにて撮影（AFP＝時事）

２０００年代の第二次インティファーダでは、パレスチナ側は銃を持って戦いました。イスラエル軍がヨルダン川西岸地区の自治地域に侵攻した際には、建物を全部壊していきました。隠れる場所を徹底的に潰したわけです。これによって、イスラエルは簡単に難民キャンプを制圧しました。

当時、私が疑問だったのは「なぜ難民キャンプは地下を掘っていなかったのか？」ということでした。圧倒的な軍事力で制空権をもった敵と戦うのですから、地下に隠れるのが基本です。そのように考えれば、地下壕を掘っておくことは、これまた当然必然の戦い方なのです。結局、それをしていなかったのは、西岸にいたファタハは本気で抗議するつもりはなかったからだと考えるべきでしょう。

しかし、ハマスは違いました。本気だったのです。「建物を潰されるなら地下トンネルに逃げ、そこから戦えばいい」と、トンネルを掘り、ガザの地下を要塞化していったのです。巨大な地下都市を秘密裏に築き、準備万端整え、今回の大規模な奇襲をしかけたと思われます。

ちなみに、おそらく北朝鮮もトンネルだらけだと思います。空爆から自国を守るには、防空のための設備が不可欠です。ですから北朝鮮はもちろん必ずどの国も、地下トンネルを強化充実させているはずです。

昨年、韓国の釜山《プサン》に行きましたが、地下街が本当に広くて驚きました。やはり、戦争を意識してのことだと思います。北朝鮮の平壌《ピョンヤン》の地下鉄が、かなり深い地下につくられていることも、巨大な防空壕として利用できるからでしょう。アメリカも、ワシントンの地下鉄はかなりの深さがあります。ウクライナがロシアの猛攻撃に耐えてよく戦っているのも、キーウの地下壕があるからです。

その点、わが日本は心配です。日本の防衛を考えた時に、敵のミサイルをすべて撃ち落とせればいいのですが、一度に何百発も飛んで来たら、防ぎきれません。万が一の時、どうやって国民を守るのか？　最悪の事態という発想が抜け落ちている気がするのです。

地下鉄をもっと多くの都市で掘るとか、民間に働きかけて地下商業施設を拡充するなどの対策を早急に進めたほうがよいと思うのですが、いかが思われますか。

▼なぜ、産業のないガザ地区で、ハマスが生きのびていけるのか？

前章で「カタールがハマスを支援している」と説明しました。

ではなぜ、カタールは、ハマスに肩入れするのでしょう？そして、なぜ小さな国カタールが、それほどの力を持っているのか？

もちろんお金があるからです。そして日本も大きく関与しています。カタール産の天然ガスをわが国は購入しているのです。俗に「カタールの元気は名古屋の元気」などと言われるのは、中部電力が〝上客〟だからです。相手の言い値で買っても、国民は怒りませんから。

というより、資源のない日本では、安定した供給先が欲しいので、長期契約を交わし、高い値段を提示されても買ってしまっています。電力会社は、それを電気料金に上乗せすれば済むわけです。ただ電力会社のためにひと言付け加えると、現在のように価格が高騰《こうとう》していると、長期契約のほうが結局は安くついています。

小さな国がお金を持つとどうなるか？　自分たちの存在感を示そうとします。「うちの国はすごいよ」と。しかも、周囲はイランやイラク、サウジアラビアなど、いわゆる危険な国ばかりです。この中で国を守っていくために、自らの存在感を示し、役に立つことをアピールしていく。

その典型例が「アルジャジーラ」という有名な放送局です。カタール政府が出資している放送局が、アラビア語と英語で、毎日のようにイスラエルとアメリカの悪口を放送しています。というか、事実を正直に報道しています。

しかし、カタールとアメリカの仲が悪いわけではありません。なぜなら、中東で最大規模の米軍基地はカタールにあります。カタールはある意味では、アメリカに守ってもらっているのです。

2022年にはFIFAワールドカップも開催されました。自国の存在を世界にアピールするためです。世界の目が集まり、認めてもらえれば、侵略される危険も少なくなりますから。

もう一つ重要な点は、カタールはイランと仲がよいということです。両国の「海底ガス田」がつながっており、一つのジュースを2人でストローで吸っているような関係だからです。アラブ諸国のほとんどはイランと敵対関係にありますが、カタールはイランと対立するわけにはいきません。

これを逆手に取り、アメリカもカタールを仲介役として、イランと交渉する場合もあります。多数の国としたたかに交流することが、カタールの安全を守るための〝保険〟になっているのです。

話は少し横道に逸《そ》れましたが、各国には多様な思惑があり、世界は複雑に絡み合っています。ハマスも含めて「善か悪か」という白黒はっきりした世界ではありません。利用したり利用されたりしながら、表からは見えないつながりがあるのです。

▼アメリカはどこまで本気なのか？

前述のようにイスラエルは過去に4回、ガザを攻撃しています。今回のように大規模な戦いではなかったにせよ、そのたびに被害が出ましたから、やはりガザを復興しないといけません。復興費用も、実はカタールが出してきました。お金持ちのカタールは、ハマスにずっと影響力があるのです。

アメリカも「ハマスはテロリスト」と言いつつ、ハマスがガザを支配している現実はよくわかっています。どこかで折り合いをつけなければならないため、カタールに「悪いけど、ハマスの政治指導部の面倒を見てくれよ」と言って、同国にハマスの政治指導部を預かってもらっているわけです。つまり、秘密裏につながっているわけです。あたり前ですが、アメリカも、そういうしたたかな国です。

「テロリストとは付き合わない」と言いますが、あくまで建前であって、裏ではCIAのような組織がしっかりとつながっています。たとえば、少し前までアメリカはタリバンと戦争をしていました。そこでも交渉が必要なため、カタールでタリバンと交渉しました。タリバンが、カタールに事務所を置いていたからです。

世界は、やはり利害で動いているわけです。「テロリストとは付き合わない」と言って、本当に付き合わないのは日本くらいでしょう。国を守るためには、表と裏でしたたかな外交をしなければ、生き残るのは厳しい。

2023年、堺雅人さん主演の『VIVANT』というドラマが注目を集めました。外交の舞台裏で行われる諜報戦に「日本でもこういう組織があるのか？」と話題になりました。ドラマではその諜報部隊を「別班」と呼んでいましたが、実際に存在するのかはわかりません。

実は番組のイスラムに関する描写について、私は制作者から相談を受けました。日本にも公安はありますが、「別班」のような諜報機関の必要性について、本気で議論をしてもよい時期だと思います。

もし、日本人が人質に取られていたら、どうやって交渉していたのか？

おそらく「別班」が取り返す、というドラマチックな展開はありえなかったでしょう。カタールに泣きついて交渉してもらうしか方法はなかった、と思っています。

パレスチナ人は、おおむね日本人に好意的です。それは日本人が、かつてアメリカとトコトン戦ったからです。そして敗戦から復興したからです。多くの若者が自分の命を犠牲にして戦った国だからです。ガザに行っても、本当によくしてくれます。お金もないのにごちそうしてくれるし、次から次へと人が訪ねてきます。

パレスチナ人と聞くと「テロリストでは？」と身構える人もいますが、決してそういうわけではありません。とても親切で優しく友好的な人も多いのです。ぜひ知っておいてほしい私の実体験です。

▼なぜ、タイ人の人質が多く取られたのか？

イスラエルにはタイ人やフィリピン人など、東南アジア系の人も多くいます。中でも多いのがタイ人で、3万人ほどいるそうです。今回の人質にタイ人が多いのは、ハマスが特別にタイ人を狙ったわけではなく、一般人を手あたり次第に拘束した結果です。

では、なぜイスラエルには、タイ人を含む東南アジアの人が多く住んでいるのか？

この背景には、イスラエルの豊かさがあります。現在、イスラエル人の年間所得は

5万5000ドルほどですから日本人と比べても十分高い。もともとは農業で生活していた人が多かったのですが、パレスチナ人を雇って働かせるようになりました。伝統的にはダイヤモンド産業などで知られていましたが、近年では高度な技術力を背景に、ハイテクや情報通信を中心に経済成長を続けています。とくに兵器産業は伸びています。

ところが、パレスチナ人がテロなどを行うようになると、彼らを解雇し、代わりに東南アジアの人たちを雇うようになったのです。前述したように、ユダヤ教では土曜日は安息日で「働いてはいけない日」とされています。熱心なユダヤ教徒の多い地域では、レストランなどはほとんどが休みなのですが、タイ人は関係なく屋台などを開いているので、非ユダヤ教徒としてはありがたいのです。

タイ人の95%は仏教徒ですが、5%ぐらいはイスラム教徒です。そこで、タイのイスラム教徒の組織がイランの首都・テヘランのハマスの事務所に行き、人質解放を求めた。さらに別ルートでは、カタールのハマスの事務所にも頼んだ。イスラム教徒は同胞の解放のために尽力しました。

解放されたタイ人の人質に対し、海外のメディアは「どうですか？　ひどい目に遭ったでしょう」などと質問して、ハマスがどんなに残忍か言わせようと仕向けているのが、ありありとわかりました。しかし、タイ人は「いや、とてもよくしてもらった」などと感謝するありさまでした。

メディアは〝悲劇の人質〟の映像が欲しいのに、肩透かしを食らった恰好になりました。いっぽうで、イスラム教徒の側は「頑張ってタイの同胞を取り戻した」というストーリーを世界に向けて発信できたため、メディア戦略としては成功したわけです。

▼日本人は実はユダヤ人と仲がいい？

実は、イスラエル人の男性と日本人の女性のカップルは、相当数います。イスラエルの男性はアグレッシブな人が多い。ネタニヤフ首相がその典型です。日本人女性には、頼もしく思えるのでしょう。いっぽう、イスラエルの男性からすると、イスラエルの女性は怖くて嫌なのでしょうか。日本の女性の優しさに惹《ひ》かれてしまう、というわけです。

またアメリカ留学中に、日本人とユダヤ人の出会いも多いようです。日本人の女性がアメリカの大学で出会うパターンです。

大学では真面目に学問をするユダヤ人が多く、日本人が勉強を教わっているうちに恋に落ちてしまう。そして、いざ結婚する段階になって、東京の「日本ユダヤ教団」で改宗したり、ユダヤ教について勉強して理解を深めたりする人もいます。

また、インドや東南アジアで知り合うパターンも多いようです。イスラエルの若者は兵役後、すぐに就職する人もいますが、ちょっと世界を回ってみようという若者も多い。

ヨーロッパにはいつでも行けるので、多くはアジアを目指す。周辺のアラブ諸国には行きにくいので、トルコに行き、インドやネパールに行ってマリファナなどを吸って、東南アジアに行って、安い雑貨をいっぱい買い漁る。そして日本に来て、東京や大阪の道端で売る人がいます。

普通なら、異国の道端で勝手に商売をするのは怖いですよね。その筋の人とかもいますから。でも、彼らは全然平気。「おい！　お前、誰に許しを得て商売しとるんじゃい！」と凄まれても動じません。

イスラエルの若者は、兵役中に対人殺傷訓練を本気でやっているからです。中には本当に人を殺した猛者《もさ》さえいるわけですから、肝が据わっている。そういうたくましい若者に、惹《ひ》かれてしまう日本女性がいるわけです。

いっぽうで、イスラエルの女性にも、日本で働く人は多いです。白人系の女性は短期間でも水商売をすれば、かなり稼げます。大阪や東京には、イスラエルの若い女性が代々住んでいる下宿のようなものまである。

クローゼットにはイブニングドレスなどがかけてあり、それを代々、そこに住む女性が着回しています。そうやって稼いだ後、「日本は楽しかったね」と思い出を作って帰国し、イスラエルで就職するという女性も多いのです。

だいぶ脱線しましたが、日本人とイスラエルのユダヤ人のカップルは意外と多いということです。そこで「ハマスの人質に日本人もいるのでは？」と心配し、日本政府の詳しい方に密かに聞いてみると、「いません」との回答でした。私もひとまず胸を撫でおろした次第です。

▼SNS発信の悲惨な映像が世界を変える

今回の戦争の報道で、とりわけ多くの情報を持ち、ガザから世界に向けて発信しているのは、カタールのアルジャジーラです。資金や組織力もあります。とくに戦争が始まる前から、多くの特派員をガザに常駐させていたのです。また多くのガザの人々を雇用していました。その多くがイスラエルによって殺害されています。

ですが、今回は情報に関して言えば、一番大きかったのはスマホです。誰もが画像や映像を撮って送れますから、リアルな情報が瞬時に世界を駆け巡ることになります。ウクライナ戦争もそうですが、これがSNS時代の戦争なのだと、改めて思い知らされました。

今回、欧米の世論が変わったのは、やはり大きな意味のあることだと思います。米英の政府は依然として「イスラエルには自衛権がある」と言っていますが、アメリカの世論調査を見るとおよそ7割が「即時停戦」を支持しています。ロンドンでも停戦を求める何十万人単位のデモが繰り返し行われており、政府と国民の意識がだいぶ離れていると感じます。一般人が撮った動画で世界が変わるわけです。時代を動かすのは政治家ではなく、市民一人一人の意志なのだという時代が来たのかもしれません。一人の発信が、大きな力になる可能性を示してくれたとも言えます。

これまでは、戦争の真実は、リアルには伝わりませんでした。たとえば、第二次世界大戦の東京大空襲で亡くなった人は約10万人、負傷者は15万人、罹災者は300万人と言われています。下町はほぼ全焼しました。後の広島や長崎の原爆投下でも、殺される側には映像を発信する力はありませんでした。2023年は違うのです。

1948年にイスラエルが建国された時、およそ75万人のパレスチナ人が追い出されました。世界中のみんなが知っているのですが、動画がほとんどない。私も放送大学でパレスチナ問題のテレビ番組を作った際に探したのですが、動画が見つからないのです。あるのは写真だけでした。

76年前ですから、動画の撮影は確かに大変だったでしょう。でも、ヨーロッパのジャーナリストで動画を撮った人もいたのです。しかし、動画が出たらイスラエルの立場が悪くなる。だから空港でフィルムに光を当て、帰国後に現像したら「何も見えなかった」という状態にしました。当時からイスラエルは、映像の力をよくわかっていたのです。

この一件は『ニューヨーク・タイムズ』の新聞記者で有名なコラムニストでもあるトーマス・フリードマンが、著書の中で紹介しています。もし、実映像があったなら、イスラエルに対する風当たりはもっともっと強かったと思うのですけれど、動画はないのです。

こんなこともありました。１９８７年に、先に触れたインティファーダが始まった時のことです。パレスチナの子どもが石を投げたりして抵抗運動を始めました。圧倒的な軍事力を誇るイスラエルに対して、弱い民衆が兵器ではなく素手や石で抵抗した。この様子が世界中で報じられ、イスラエルの評判がとても悪くなりました。

すると、アメリカの元国務長官のキッシン

ジャーが新聞記者を追い出し、報道をストップさせろと助言しました。キッシンジャーは米中国交正常化を成功させ、ベトナム戦争を停戦に導いた人物です。功績を称えられノーベル平和賞ももらっていますが、情報の恐ろしさを熟知していたのだと思います。

今回は、スマホのおかげですぐにリアルに伝わるようになりました。少し前までは、『ニューヨーク・タイムズ』や『ワシントン・ポスト』などの大手マスコミが書かなかったら、アメリカの人は何も知らないわけです。

テレビ世代の高齢者と違って、アメリカの若い世代がイスラエルに厳しいのは、スマホで現地からの情報に直《じか》に触れるからでしょう。

逆に言えば、自分に都合のいい映像を恣《し》意的に流すこともできるわけです。現代はＡＩを使ってフェイク映像も簡単に作れますから、十分な注意と危険さへの警戒が必要だと思いますが。

▼アメリカのキリスト教徒はどう動く

お葬式は仏教式、結婚式はキリスト教式で行うことも多い日本では、外国人の宗教観についてピンとこない人が多いかもしれません。宗教について話せば、何冊もの本ができますので、今はごく簡単に、個々人が持つ〝感覚〟のようなものをお伝えしたいと思います。

クリスマスにケーキを食べたりして、何となくキリスト教とは付き合いがあるような気になっていますが、その教えは次のように要約できるでしょうか。

そもそも、キリスト教信仰というのは、「イエス様が我々の罪や過ちをすべて背負って死んでくださり、清めてくださった。やがて世の終わりが来たら、イエス様が戻ってきて正義の時代が始まる。その時、立派なキリスト教徒は救われる」というものです。

キリスト教徒の中でも、本当に信仰の厚い人は救いを信じているし、そこまででは ない人もいる。まさにさまざまですが、ざっくり言うと、キリスト教というのは救世主を待つ教えなのです。ただ、まだイエス様は戻ってきていません。

さて欧米のキリスト教徒は、聖書の記述を真実として受け止めて、長年にわたり生活してきたわけです。ところが18世紀とか19世紀になって、ヨーロッパ人が中東に行くようになり、現地の歴史を実際に研究するようになりました。古代の文字の解読や発見なども進み、キリスト教以前のはるか前の人々の世界観を知るようになったわけです。

たとえば聖書にあるノアの箱舟のお話です。世に悪人が増えたことに怒った神が、洪水をおこし人類を滅ぼしたというストーリーです。しかし、神を畏れる人であったノアだけは、箱舟を作って逃れた。箱舟の記述については、すでに「アル＝アクサの洪水」作戦の説明で言及しました。

類似した洪水伝説は、聖書が書かれるはるか以前からオリエントに、つまり古代の中東に存在したことが明らかになりました。聖書の記述はユニークな事件というわけではどうもなかったらしいのです。

昨今、新しい研究の成果も踏まえ、聖書を絶対的な存在ではないとみなす人々が増えてきました。「歴史」や「文学」として聖書をとらえ始めたわけです。一方、対局にあるのが、キリスト教原理主義です。聖書の記述を絶対的な真実とみなす考え方で、流れに属する人々を「ファンダメンタリスト」と呼びます。

　私もファンダメンタリストたちの取材に行ったことがありますが、ケンタッキーで「ノアの箱舟」を作っていました。聖書の記述通りに、多額の費用をかけてです。日本人に話すと「冗談でしょ？」と言われますが、本当なのです。

　ですから、日本人は少し、アメリカ人への認識が間違っているところがあるのかもしれません。ハリウッドの映画などを見ていると、不倫があって、道徳的に乱れて、お酒を飲んで暴れて、という自由で派手で乱暴なイメージもありますが、それはアメリカの一側面でしかありません。アメリカのかなりの数の人たちは、毎週教会に行き、毎日聖書を読んでお祈りをして、神様に感謝しています。実際には敬虔《けいけん》で、大真面目で地道なアメリカ人がいるのです。

　そういう人がブッシュを大統領にしたり、トランプを大統領にしたりしているのですが、日本にいながらでは、リアルなアメリカ人の実態はわかりません。私は若い頃、ニューヨークのコロンビア大学で学んでいましたが、シカゴ大学のサマースクールにも行きました。お金がないので安いバスに20時間ほども揺られて行ったのですが、夜が明ける時に運転手さんがこう言うのです。

「今日もこの美しい夜明けを神様に感謝して、みんな一所懸命働きましょう。アーメン」と。日本にいたら想像できないと思いますが、それがアメリカでは普通の光景なのです。

▼ハマスはどれくらい民衆の支持を得ているのか

2006年、ハマスは、パレスチナ評議会選挙で第一党になりました。そこにはガザ地区のハマスはもちろん、ヨルダン川西岸地区のファタハも、あるいはその他の政党もいました。そんな中で、長年、一党支配だった与党のファタハを、野党のハマスが追い落としたわけです。

「でも、民衆は本当にハマスを支持しているのか？　だって、テロ組織だよ」と思う人もいるでしょう。本当のところはどうなのでしょうか？

2006年の選挙の時点では、民衆の支持があったことは明らかです。しかし、ハマスに票を入れた人は、本当にハマスが好きだから入れたのか、それとも対抗勢力で

2006年1月、パレスチナ評議会選挙での圧勝を祝うハマス支持者たち（AFP＝時事）

あるファタハがあまりにも腐敗しているから、批判票として入れたのかはわかりません。ハマスに入れた人の中にも「ハマスが本当に勝ってびっくりした」という人は多かったはずです。

日本でいえば、自民党の支持率が下がっている時に、野党の票が予想以上に増えることがあります。本当は自民党支持なのに、「自民党にはお灸をすえなきゃ。まあ、野党は勝たないだろうから」と安心して入れる人もいるからです。その結果、批判票が集まりすぎてしまう。というような現象が起こり、ハマスが勝ってしまった可能性も、正直捨てきれません。

ただ、実際にパレスチナの現地に行ってみ

ると、ＰＡ（パレスチナ暫定自治政府）の幹部がゼイタクな生活をしていると言われています。確かに、パレスチナに対しては、日本も多額のＯＤＡ（政府開発援助）で支援しているし、世界各国からも相当な援助が入っています。「そのお金が民衆に渡っているのか。実は政府の人間が中抜きしてポケットに入れているのではないのか」などと疑われているのです。

パレスチナの民衆は、それを直に見ています。「なんで私たちはこんなに貧しいのに、ＰＡの連中は優雅な生活を送っているんだ」と憤っていることも確かです。その点、ハマスは「汚職しない」ということだけは言われていましたから、金銭面でのクリーンさが票につながったこともあるでしょう。

「ハマスだって、権力を握れば、やがては汚職にまみれるだろう」という声にも、「民衆のためのお金を着服したら地獄の火で焼かれる。だから、俺たちはそんなことはしない」と、きっぱり答えていました。民衆も、それを言葉通り受け取ったのです。

ただし、ハマスが金銭面では潔白だとしても、実際に政治を行うことができるのか？　そうした不安の声が現地で高まっていたのも事実です。

ハマスは、やはり武装闘争やイデオロギー闘争を、長い間続けてきた〝戦う集団〟

です。多くの革命政権がそうであるように、民衆を動員する演説がうまかったり、機関銃が使えたりしても、実際の統治を任されたら、なかなかうまくはいきません。たとえば、アルジェリアなども民族解放闘争を経て独立すると、革命政権は腐敗や非効率に陥り、民衆の期待は失望に変わってしまいました。

実は、政権奪取後は、ハマスも同じような状況に陥りました。民衆の間にも「なんだ、せっかく野党から与党になったのに、うまく運営できないんだな」という失望感が漂いました。「ハマスが過激すぎるからイスラエルも厳しく対応してくる」とか「ハマスがもう少し態度を軟化してくれたら、ガザの封鎖も、もう少し柔らかくなるのに」などという声が聞こえてきます。当初の期待感は、次第に薄れていったと言ってよいでしょう。

イスラエルの宣伝もあるでしょうが、ハマスにも幹部は恵まれすぎた生活をしているとの噂が出始めてもいたのです。

▼ガザでの生活は、どれくらいひどいのか？

ガザのパレスチナ人は、どんな生活をしているのでしょうか？

〝貧しい〟と言われていますが、実際平均所得は年5000ドルくらいです。飢えていることはありませんが、豊かではない。

ただし、他の世界を見ることができないという〝精神的な飢え〟はあると思います。何しろ、西側は海、陸はすべて壁で完全に閉じ込められた「天井のない監獄」状態ですから。

しかし、実はガザの人々にとっては、もっと深刻な問題があります。〝水〟です。飲み水がなくなってきているのです。ガザでは今、海水がどんどん地下水に染み込み、水が飲めなくなってきています。「ミネラルウォーターを飲めばいい」と思うかもしれませんが、ガザの人々は豊かではなく、水を買う余裕はありません。

ガザには仕事もない。就職もできない。失業率は7割近いです。そのうえ、生命線の飲み水までなくなってきている。もはやどこにも希望がもてないのです。

しかも、人口はどんどん増えていきます。イスラム教もユダヤ教も「子どもは多いほどよい」という考えが一般的だからです。ユダヤ教の原点である旧約聖書にも「産めよ、増えよ、地に満ちよ」という記述があります。

人口は増えるのに、出入り口は閉められ、限られた者しか外に出られない。まるで、圧力釜のフタをギュッと締めて、どんどん火を焚いているようなものです。圧力が高まり、いつ爆発してもおかしくない状態だったわけです。

ハマスがイスラエルに奇襲をしかけたのは、そのような背景があってのことです。イスラエルを叩けば、恐ろしい報復を受け、被害はその何倍、何十倍にもなって返ってくるかもしれないけれど、やらなければどうしようもないところまで追い込まれていた。それが、イスラエルへの奇襲攻撃というカタチで爆発したのです。

私もそうですが、ガザの状況を知っていた人には、今回、ハマスが暴走したこと自体にそれほど驚きはありません。それほどガザに住む人々は追い詰められていたのです。

▼1トン爆弾と3万人超の死者

2024年3月初旬時点で、ガザでは3万人以上のパレスチナ人が亡くなっていると言われています。瓦礫《がれき》の下に埋まっている人は数えられないので、正確な数はわかりません。

そのうちハマスの戦闘員の死者数は不明です。巻き添えで亡くなった民間人のほうが多いようです。これは決して許されることではありません。読者も同じ思いでしょう。

ガザの人口は220万人です。しかし、このうちのすべてがハマスではありません。ヨルダン川西岸地区とガザ地区を含む「パレスチナ暫定自治区」で2006年に選挙があり、ハマスが第一党になりました。この事実には何度も言及しました。ですから、かなりの支持があったことは確かですが、それから18年が経過しました。以来選挙はありませんでした。

ガザの人口の半分以上は20歳以下ですから、ハマスに投票した経験のある人は少数派です。

現在、ハマスの支持者がどれくらいいるかはわかりません。つまり、ハマスではない人も、ハマスの支持者でない人も、巻き添えをくって亡くなっているわけです。

イスラエルが爆撃に使っているのは、強力な重さが1トンほどの爆弾などです。ガザの市街地は立て込んでいますから、建物が根こそぎ崩壊します。ビルの下敷きになり、埋もれて亡くなる人が多く出てしまうのです。

アメリカは「もう少し小さい爆弾を使え」などと言いつつ、甚大な被害を出す大きな爆弾を供給し続けています。

そして、イスラエル側は世界の声を無視して、ガザを破壊し、人々を吹き飛ばしています。まさに「根絶やし」にするかのごとくです。地獄のような戦争の光景です。

5章

霞んでいく
和平の道

アメリカとアラブ諸国の
不可解な関係

▼アラブ諸国はハマスをどう見ているのか？

ハマスがイスラエルに奇襲をしかけた直後には、世界的に「ハマスはひどい」という世論になりました。しかし、イスラエルがガザを徹底的に攻撃するようになると「イスラエルはひどい」という論調に転じてきたのです。

近隣のアラブ諸国では、ハマスをどう見ているのでしょうか？

大雑把に言うと、政府レベルでは「ハマスはちょっと問題」と見ている国が多数です。というのも、アラブの国々は独裁制や君主制など、民主的とは言えない国が多いからです。

ハマスはそもそもが「ムスリム同胞団」という草の根運動から始まったもので、言わば〝民間組織〟です。独裁制や君主制の政府からすれば「民間が主導権を握るなんてとんでもない！」と思っており、同時に脅威でもあるわけです。コントロールしづらいのでしょう。

しかし、アラブの一般人の感覚は、そうではありません。「よくやった」と心の中では喝采したことでしょう。パレスチナの人々は、イスラエルが建国された1948

年、有無を言わさず、それまで住んでいた土地を追われたわけですから。追われた人々がたどりついた場所の一つがガザです。ところがガザは封鎖され、産業もなければ、働き口もない、稼ぎもない。その中で人々は、苦しい生活を強いられてきたわけです。ハマスはそういう環境の中でできあがっていったのです。

アラブ諸国の人々は、それを知っていますから、「よくやった」と思ったに違いありません。たとえは悪いですが、阪神タイガースがやっと悲願の優勝をしたみたいなものでしょうか。

誰もが「テロが悪い」とはわかっています。そして「この先、さらに大変な状況になる」ということも想像がつきます。でもとりあえず「イスラエルの鼻をへし折ってやった。ざまあみろ」という感情が先に立っているのだと思います。

ただ、大きく変わったのは、アラブやイスラム世界よりも、欧米を始め、その他の社会の世論です。イスラエルの爆撃はほとんど無差別です。子どもが亡くなる映像や破壊された町の様子が次々と映し出されます。私も双方の立場や言い分に目配りしようとはしています。それでも、やはり「この攻撃はひどいよな」と暗澹《あんたん》たる気持ちになります。

▼周辺のアラブ諸国とイスラエルの関係はどう変わるのか？

そもそも、イスラエルとイランは、長年、緊張状態が続いています。いっぽうで、イスラエルとサウジアラビアとは国交正常化の話も出ています。周辺国との関係は、今回の戦争を経て、どのように変わっていくのでしょうか？

多くの国があるので一概には言えませんが、パレスチナの一般市民まで多数殺されるというのを目の前で見せられると、やはりイスラエルと関係を正常化しようという動きは難しくなると思います。イスラエルとの関係を正常化すれば、「パレスチナ人を見捨てるのか」と叩かれてしまいますから。

アラブ首長国連邦などが周辺国に対し、「いやいや、そうではない。イスラエルと話せる関係でいたほうが、パレスチナ人のためにいろいろ発言できる。だから、パレスチナ人のためにイスラエルとも付き合うのだ」などと釈明しても、「お前は口ではそう言うが、実際には何もしてくれなかったではないか」と言われてしまいます。なので、今、関係を持っている国としては、つらい立場に立たされていると言えるでしょう。

アラブ・イスラム世界では、イスラエルはパレスチナ人の土地を奪って樹立された国家だと認識されています。それゆえ、長らくアラブ諸国は、イスラエルを承認しませんでした。その後、エジプトやヨルダンなどはイスラエルと国交を結びました。

エジプトがイスラエルと国交を樹立したのは1979年のキャンプ・デービッドの合意後です。ヨルダンは、1994年にオスロ合意の後に国交を樹立しました。しかし、両国の国民は依然としてイスラエル人を敵視しています。それもあって、戦争ではないものの「冷たい平和」の状態が続いています。

また2020年に、アラブ首長国連邦やバーレーンなどもイスラエルを国家承認しました。ですが、国民は決して、この決断を支持していません。国民の意向をある程度は無視できる、独裁国家や君主国家のみがイスラエルを承認しているのです。ちなみに、一連のイスラエルとアラブ諸国との国交樹立は「アブラハム合意」として知られています。ユダヤ教徒もイスラム教徒も共にアブラハムを自らの祖先としているからです。

さて、アラブ・イスラム世界の中で最も重要な国は、どこでしょうか。おそらくサウジアラビアではないでしょうか。石油の富で豊かです。そして何よりもイスラムが起こった、聖地のメッカとメディナを支配しています。

もし、このイスラムの総本山ともいうべきサウジアラビアから承認されれば、その意味は大きいでしょう。そして国交を結べれば、イスラエルにとっては大きな外交的な勝利です。イスラエルとサウジアラビアは水面下では交渉があります。しかしサウジアラビアは公式にイスラエルを承認しようとはしません。

アメリカのバイデン政権は、サウジアラビアにイスラエルとの国交樹立を働きかけています。対してサウジアラビアは、いくつかの条件を出しています。大きな一つがパレスチナ国家の樹立です。それ抜きに国交を結べば、サウジアラビアがパレスチナ人を見捨てた恰好になります。イスラム諸国の盟主のようにふるまっている、サウジアラビアのメンツが潰れてしまうでしょう。

ところで、サウジアラビアはイスラエルとの関係改善で何を得るのでしょうか。水面下とはいえ、イスラエルと接触してきた狙いは何でしょうか。それは周辺の大国イランの脅威に対抗するためです。

最近の中東で起こった重要な事件が2つありました。ガザ戦争以前の最近ですが。まず2番目に重要な事件から紹介しましょう。2019年9月にサウジアラビアの石油生産の中心都市アブカイクが多数のドローンや巡航ミサイルで攻撃を受けた事件です。突然の攻撃によって、一時的ながら、サウジアラビアの石油生産量は半減しました。

誰が、攻撃をしかけたのでしょうか。即座にイエメンのフーシ派が犯行声明を出しました。イエメン内戦に軍事介入しているサウジアラビアに対する報復だという発表でした。

しかし、使われたドローンやミサイルの数、飛んできた方向などはイランの犯行をうかがわせました。多数のミサイルが、石油生産のための多数の精製設備を正確に撃ち抜いていました。しかも、おそらく人的被害を出さないような配慮からだったのでしょう、整備のために精製設備から石油が抜かれている時刻の攻撃でした。かなり大規模かつ手の込んだ攻撃は、イランの仕業を示唆していました。

サウジアラビア政府が回収した兵器の破片もイラン製でした。

▼なぜイスラエルはサウジアラビアとの国交を樹立したいのか？

そして次に、一番重要な事件が起こりました。何も起こらなかったのです。誰もがアメリカによるイランに対する報復を予想しました。サウジアラビアは、とくにそうでしょう。期待したと言ってもいいでしょう。

当時のアメリカの大統領は、サウジアラビア寄りで知られたトランプでした。就任直後の最初の外国訪問先に、慣例である南北の隣国のメキシコやカナダではなく、サウジアラビアを選んだ大統領です。アメリカ空軍によるイラン攻撃が始まると皆が思ったわけです。

ところが、トランプのアメリカは動きませんでした。これが、一番のニュースで、一番の事件でした。ここでイランと戦争を始めれば、２０２０年11月に予定されていた大統領選挙で勝てないと判断したのでしょう。「アメリカ・ファースト」を謳《うた》い、海外関与を否定した人物です。新たな戦争を始めるのは選挙民に対する公約違反です。アメリカ国民は新たな戦争など望んでいません。戦争は落選を意味します。トランプは慎重に、イランに対する報復を避けました。

しかしながら、これはアメリカのサウジアラビアに対する「暗黙の契約」違反です。サウジアラビアは、毎年毎年、何兆円規模でアメリカの武器を買っています。これで同国が軍事大国になるとは誰も思っていません。国民の教育のレベルなどを考えれば、高価な武器を買ってもサウジアラビアは軍事強国にはならないのです。

それでは何のためにサウジアラビアは武器を買っているのでしょうか。アメリカに保護してもらう保険料です。いざという時にアメリカ軍に守ってもらうための費用です。世間の言葉なら「みかじめ」料です。高いみかじめ料を払って、アメリカという親分に怖い周辺国から守ってもらえると思っていたのです。

ところがアメリカは、お金だけ受け取ってイランには報復してくれなかったわけです。サウジアラビアは驚き慌てたことでしょう。アメリカの対応を、より正確には無対応を踏まえて、サウジアラビアは2つの動きに出ます。

一つはイランと喧嘩はできないとの判断から、同国との関係を改善させます。2023年に、中国の仲介によりイラン・サウジアラビア間で国交の回復が発表されました。中国の中東外交の勝利として広く報道されました。中国の勝利でもあるし、アメリカのオウン・ゴールでもあったわけです。

2番目の動きがイスラエルとの接近です。アメリカが頼りにならないのであれば、別の親分にも近づいておこうというわけです。確かにイスラエルの防空システムや諜報力に、サウジアラビアは注目しています。

しかし、これにも危険があります。イスラエルの基地などを受け入れないようにとイランから警告が発せられているからです。そこでサウジアラビアは、振り出しに戻ってアメリカに安全の保障を求めています。イスラエルとの国交を結んでイランに攻撃されてはかなわないので、その際にはアメリカがサウジアラビアを守ると条約で約束してくれと要求しているのです。日本を日米安保条約で守ると約束しているようにです。

これまでの暗黙の契約が反故《ほご》にされたので、公式な条約を求めているわけです。条約の調印にはアメリカ議会の承認が必要です。バイデン政権は、イスラエルとサウジアラビアの国交を樹立したという外交的勝利で2024年11月の大統領選挙を戦おうとしていたようですが、サウジアラビアが出してきた政治的な値段はバイデン政権には払い切れないほど高いのです。

これ以上はサウジアラビアの条件に深入りはしませんが、パレスチナ国家の樹立だけでも現状では無理難題です。もろもろ詳細を見ていると、イスラエルとサウジアラビアの国交樹立がメディアが解説していたほど間近だったとは、実は私は考えていません。

一連のサウジアラビアの態度を見ていると、かぐや姫のお話を思い出します。求婚する男たちに、姫は、無理難題を課します。それをかなえてくれたら、結婚しようというわけです。しかし、結局誰もかなえることができず、姫は未婚のまま月に戻ってしまいます。現在サウジアラビアで実権を握っているとされるムハンマド皇太子は、実は、「かぐや王子」なのでしょうか。月に行きそうな気配は見せていませんが。

いずれにしろ、3万人を超える数のパレスチナ人がガザで殺されたのですから、その流された血が乾くまでは国交樹立の交渉は停滞を余儀なくされるでしょう。

▼イスラエルとサウジが近づいたことが戦争の原因なのか?

今回、ハマスがイスラエルに戦争をしかけた遠因が、「イスラエルとサウジの関係が近づいたため」と言う専門家もいます。しかし、私はこの説には少し懐疑的です。なぜなら、イスラエルとサウジが国交正常化への交渉を加速し始めたのは、2023年に入ってのことだからです。ハマスは今回の戦争を1年以上前から準備していました。つまり、イスラエルとサウジが距離を縮める前から戦争を計画しているわけで、前述の説だと、時系列的に合わなくなってしまいます。

ハマスからすると、戦うつもりで準備を進めていた時に、イスラエルとサウジが近づき始めた。「じゃあ、ますますやらねば」と士気が高まった。そして、ハマスの奇襲が成功し、戦争が長期化した。結果、イスラエルとサウジの国交正常化は難しくなってきた。時系列的に辻褄《つじつま》が合うのは、以上の流れだと思います。

外交は、当事者の思惑だけでなく、周辺国のその時々の事情や偶然の出来事などにも左右される。まさに、水ものなのです。

では、今回の戦争があり、イランは今後、どういう行動に出るのか？

イランはハマスを支援してきました。しかし今回の攻撃は知らなかったようです。イランとしては、ハマスを理由に、アメリカに叩かれるのは嫌なのです。だから内心では、「自分たちに飛び火しないように」と思っているでしょう。

イランとアメリカは、表面的には対立していますが、本音では、状況を爆発させたくない。ですから、裏ではしっかり交渉もしています。2023年には「人質の交換」もしています。アメリカは、中国が裏でイランから石油を買っていることも〝見ないふり〟をしています。導火線に火をつけるようなヘタなマネはしないわけです。

しかしイスラエルの中には「イランを叩きたい」と思っている人たちがいます。でも、イスラエル一国ではできないから、アメリカをけしかける。「イランがハマスを動かしている。放っておいていいのか」と挑発するわけです。イランは当然、挑発には乗りたくない。

イランの最高指導者のハメネイ師が、ある演説で「ハマスはよくやった。でも私たちは関係ない。私たちは関係ない」と3回もくり返したことからも、イランの心配ぶりがわかります。

▼アラブ人とはどういう人か?

誰がアラブ人、あるいはアラビア人であるかを決めるのは、とても難しいことです。何をもって「アラブ人」とするかの定義には議論があるからです。

たとえば、「アラブ連盟」というアラブ諸国でつくる組織があります。ここに加盟しているのは以下の国々です。

エジプト、サウジアラビア、ヨルダン、イラク、シリア、レバノン、イエメン、リビア、スーダン、モロッコ、チュニジア、クウェート、アルジェリア、アラブ首長国連邦、バーレーン、カタール、オマーン、モーリタニア、ソマリア、ジブチ、コモロ、パレスチナ。こうした国々の国民はアラブ人でしょうか。

一応、パレスチナ暫定自治政府も〝国家〟としてカウントされており、この22の国の人々は「アラブ連盟国の国民」ということになります。しかし、この人たちには、それぞれ「エジプト人」とか「リビア人」「クウェート人」などの個別の呼び方もあります。このため「アラブ人だけど、パレスチナ人でもある」となるわけです。逆に言うと、「エジプト人ならパレスチナ人」ですが、「アラブ人すべてがパレスチナ人で

●アラブ連盟の加盟国

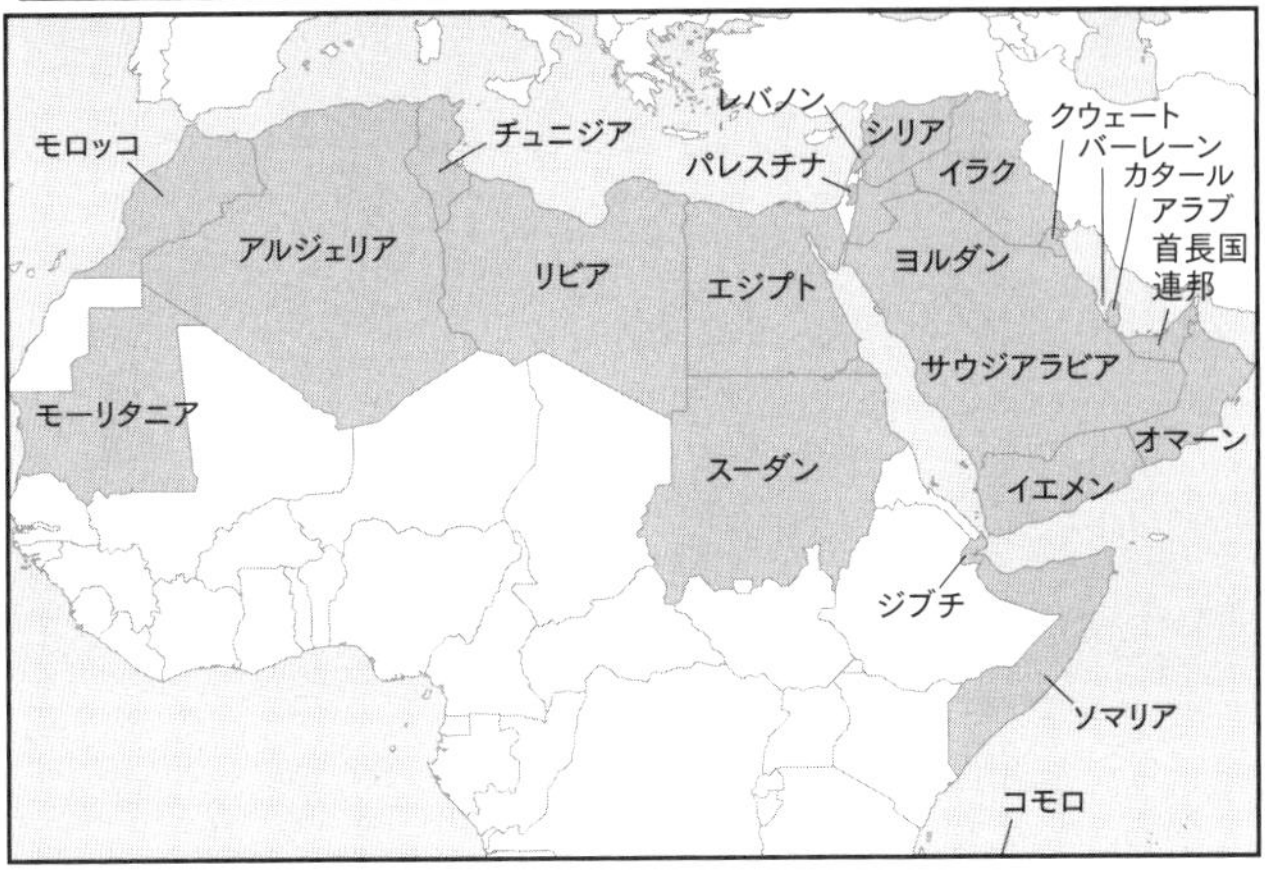

はない」のです。

これは中華系と中国人の関係に似ているでしょうか。中国人なら全員が中華系ですが、シンガポールの中華系の人は中国人ではありません。

この他にも、「アラビア語で生活する人がアラブ人」という考え方もあります。この定義だと、「私はアラブ諸国に住んでいないけれど、アラビア語を使っているのでアラブ人です」という人や、「私はアラブ連盟の国に住んでいますが、アラビア語を使わないので、アラブ人ではない」という人が出てきてしまいます。

たとえば、ソマリアやジブチ、コモロの国民の多くは、アラビア語を使いません。

また、シリアとイラクにはクルド系の言語を使う人が多数います。また多くの人々はアラビア語とクルド語のバイリンガルです。

それでは、宗教で分けるのはどうでしょうか？「アラブ諸国の人々はイスラム教徒である」と、日本人は思うかもしれませんが、実はキリスト教徒も多数います。また、モロッコなどにはユダヤ人もいます。

ちなみに、イスラエルが１９４８年に成立して以降、アラブ諸国から多くのユダヤ人が移民しました。その人たちはアラビア語を使っていたので、イスラエルの多くの市民はアラブ人ということになってしまいます。

というわけで、アラブ人の定義はとても難しいのです。

▼イスラエルとアメリカの関係は？

ここまで読んできた読者の中には、次のような疑問を持った方も多いと思います。

「イスラエルって、パレスチナ人を追い出したり、国連の取り決めを無視して占領を続けたり、けっこう強引なことしてるけど、なんで国際的に容認されてるの？」と。今回、ガザへの無差別な攻撃などは明らかにやりすぎでしょう。では、なぜ、無理がまかり通っているのか？

もちろん欧米、とくにアメリカがイスラエルを支持してきたからです。

何度か触れましたが、改めて、アメリカとイスラエルの関係について、お話しすることにしましょう。

アメリカの中でとくにイスラエルを支持しているのは、550万人とも言われるユダヤ系市民たちです。また、キリスト教福音派の人も、イスラエルの成立を「聖書の預言の成就」と捉えて支持しています。福音派とはキリスト教原理主義の別名です。

ところが、この状況に変化が表れ始めました。「ヨルダン川西岸地区への入植の加速」「アパルトヘイト的な傾向の先鋭化」「パレスチナ人に対する人権蹂躙《じゅうりん》」などの状況が明らかになってくるにつれ、アメリカ社会全体が、そしてアメリカのユダヤ人社会までもが、イスラエルへの批判を強めているのです。

理由の一つは、ソーシャルメディア（SNS）の発達です。占領地の状況がひどくなっていることもありますが、加えて状況がリアルに、即座に、広く世界に発信されるようになりました。

また、もう一つの理由としては、第二次世界大戦中のホロコースト世代が、世を去りつつあることも影響しているでしょう。戦後80年になろうとしている今、人々の記憶は風化し、生き証人も少なくなりました。戦争体験世代の欧米の人々、とくにユダヤ人は、「ヨーロッパの同胞を見殺しにした」という罪悪感にさいなまれてきました。その埋め合わせが、イスラエルに対する無批判な支持になっていたのです。

私もアメリカに留学していたので、実は肌感覚でよく知っています。アメリカのユダヤ人で社会的に成功して、莫大なお金を稼いでいる人たちは、お金だけの成功では十分と考えません。「あなた、イスラエルにいくら寄付したの？」などという会話が当たり前のようになされるのです。イスラエルに行くと、本当によくわかります。「○○さんの寄付で建てられた大学」などがあちこちにある。「イスラエルにどれだけ寄付したかが、ユダヤ社会での社会的地位を決めている」という側面があったのです。

そんな中で、イスラエル批判が強まってきました。その3つ目の理由は、アメリカのユダヤ人たちが、そもそもリベラルで、人権問題に敏感だった点が挙げられます。

少し前になりますが、1950～60年代の公民権運動、つまりアメリカの黒人に投票権などの基本的人権を認める運動などで、黒人たちと共に闘った白人の多くは、ユダヤ系の人たちでした。人権に対する意識の高い人たちは、イスラエルの現状に耐えられなくなったのでしょう。

4つ目の理由としては、アメリカのユダヤ人の若年層の間で、「そもそもイスラエルに関心がない」という人が増えていることです。あるいは、「確かにホロコーストは悲劇だけど、その犠牲になったからといってパレスチナ人をいじめていいはずはない」と考える人も増えています。

さらに、5つ目の理由として、アメリカのユダヤ人社会とイスラエルとの間には、かなりの心理的距離があることが挙げられます。そこには宗教の問題があります。すべてのユダヤ人が熱心なユダヤ教徒であるわけではありません。アメリカのユダヤ人の中には、非宗教的であったり、ユダヤ教の伝統に忠実でなかったりする人も多いのです。

他方、イスラエルでは〝正統派〟と呼ばれる保守的な人々が多数を占めます。こみいった〝宗教観の違い〟が心の距離を生み、関心の薄さにつながるようになったのです。

▼アメリカのユダヤ人は、どれだけ政治に力を持っているのか？

アメリカではユダヤ人たちが、あらゆる分野に進出し成功を収めています。

その一部を故人も含めて紹介すると、アラン・グリーンスパン（元ＦＲＢ＝連邦準備制度理事会議長）、ルース・ベーダー・ギンスバーグ（元最高裁判事）、レスリー・ウェクスナー（世界的ファッションブランド「L Brands」の創業者）、スティーブン・スピルバーグ（映画監督）、スティーブ・バルマー（マイクロソフト社の元最高経営責任者）、マイケル・ブルームバーグ（メディア王）、メル・ブルックス（コメディ映画の巨匠）、ジョン・スチュワート（コメディアン）、アーロン・ソーキン（劇作家・脚本家）、カルバン・クライン（デザイナー）、マイケル・オーヴィッツ（タレントエージェンシーの創業者）、マイケル・ソール・デル（パソコン「Dell」の創業者）、ラリー・ペイジ（Google創業者の一人）などなど、枚挙にいとまがありません。

もちろん、ユダヤ人の進出は政治の世界にも当てはまります。アメリカのユダヤ人の政治力を数字に語ってもらいましょう。獨協大学の佐藤唯行教授の『アメリカはなぜイスラエルを偏愛するのか』（ダイヤモンド社／２００６年）を一部参照させてい

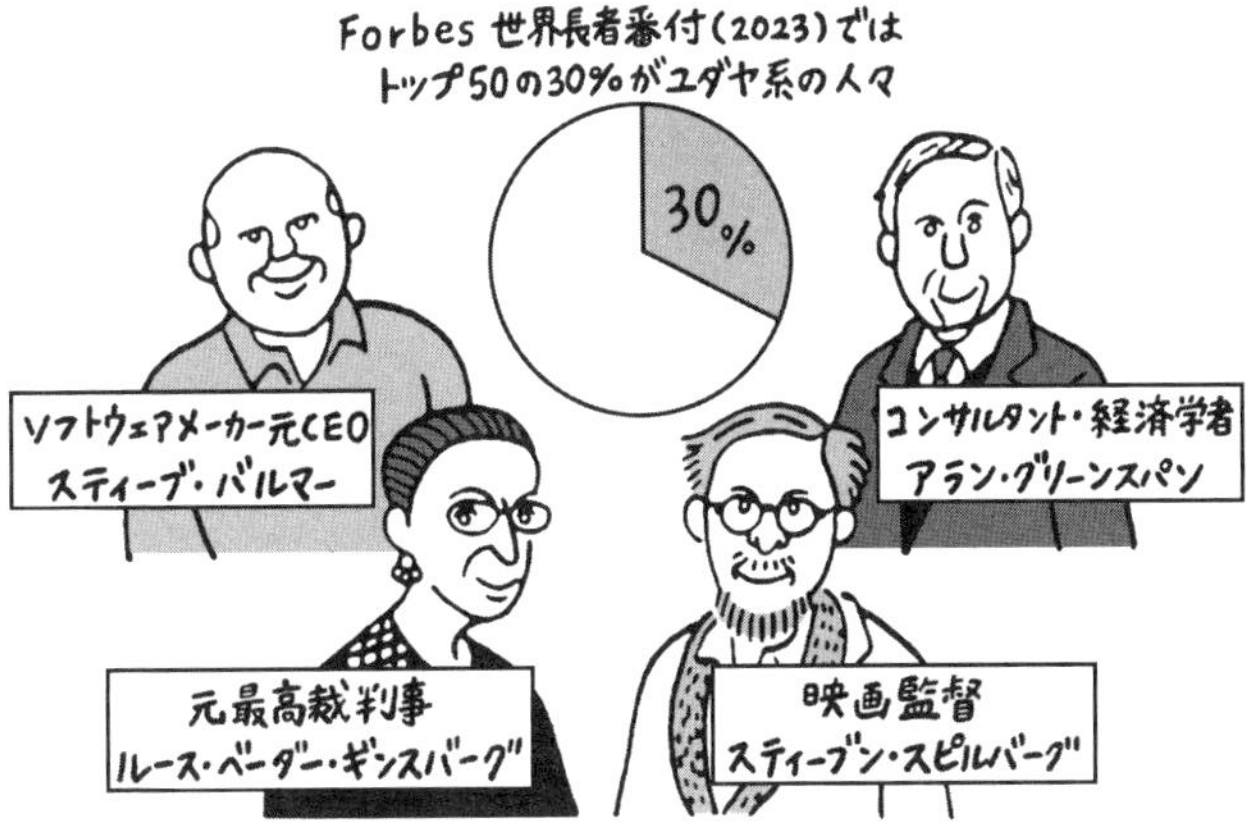

ただきます。

アメリカのユダヤ系市民の人口は550万人程度であり、3億4000万の総人口の2%にもなりません。ところが、彼らは投票率が高いため、実際には2倍以上の4%ほどの重さを持っています。

議員の数を見れば、人口比以上に、ユダヤ系市民の成功がわかります。同書によれば、2006年10月時点で、アメリカ連邦下院には、26名のユダヤ系議員がいました。これは定数435名の5・9%となります。

上院では、さらにユダヤ系議員の比率が高く、11%でした。上院の定数は100ですから、その1割以上がユダヤ系なのです。

2000年の大統領選挙では、民主党が副

大統領候補に、ユダヤ教徒のリーバーマン上院議員を指名しています。結果的に落選しましたが、これはアメリカの政治の頂点に、ユダヤ系市民が近づいた出来事と言えます。総人口では2％にも満たない「エスニック・マイノリティ」ですが、政治的には大変な成功を収めているのです。

▼アメリカでは、イスラム教徒はユダヤ系に反発しないのか？

ユダヤ人ほどの力はありませんが、アメリカにもアラブ系の人々がいます。キリスト教徒とイスラム教徒です。そしてアジアやアフリカからのイスラム教徒の移民もいます。イスラム教徒は全体でアメリカの人口の1・3％くらいとされています。ですから440万人ぐらいです。ユダヤ系の市民が550万〜600万人と言われていますから、それより少ない。

しかしイスラム教徒も政治に関して、積極的に働きかけるようになっています。「人口が少なくても団結して頑張れば、アメリカの政治に影響を与えられる。ユダヤ人は、総人口のわずか2％だが、成果を上げているではないか。自分たちもできる」というわけで、ユダヤ人をいい意味での手本にして、組織化を進めているのです。努力の結果、現在はイスラム教徒の連邦議員も何人か出ています。そして、彼らが今回のイスラエルとハマスの戦争の件で、バイデンに怒っているのです。

トランプ政権下では、いくつかのイスラム教国の市民は「入国禁止」などの扱いを受けていましたから、2020年の大統領選挙では、イスラム教徒の大半はバイデンに票を投じました。ところが、ガザでイスラエルが残虐非道な行為をしてもバイデンは止めてくれない。もう次の選挙では絶対に票を入れない、というイスラム教徒の有権者が多いのです。

アラブ系の市民は人口の1・3％なので、たいした影響力はないのでは？　と思うかもしれませんが、そんなことはありません。アメリカの大統領選挙はレッド州と呼ばれる「絶対に共和党が取る州」とブルー州と呼ばれる「絶対に民主党が取る州」に分かれていて、これらは逆立ちしてもひっくり返りません。しかし、どちらに転ぶかわからない州がいくつかあるのです。そして、結果いかんで大統領選の勝敗が左右されるわけです。

たとえば、よく知られるのは自動車産業で栄えるミシガン州です。人口1000万人ですから、大きなカギを握っています。実際、2016年の選挙ではトランプが取って大統領になり、2020年はバイデンが取りました。つまり、大統領になるには「絶対に取りたい州」の一つなのです。しかし、ミシガン州は、アメリカで最も中東系ルーツの人が多い州なので、今、イスラム教徒を怒らせてしまっているバイデンは、内心、焦っていると思われます。

バイデンは、ガザでの戦争が始まった当初の「徹底的にやれ」というイスラエルに甘い態度を豹変させ、途中からはパレスチナ人への援助物資の搬入などをイスラエルに求めるようになりました。イスラム教徒への配慮も大いにあると思います。ただ、イスラム教徒が納得するとはとても思えないので、次の選挙はどうなることか。「バイデンがミシガンを落としたのはガザのせい」という結末になるかもしれません。いずれにせよ、イスラエルとハマスの戦争は、アメリカの運命までも左右しそうです。

▼変わるアメリカとイスラエルの関係

今回、イスラエルとハマスは激しい戦争に突入し、最悪の事態を招いてしまいましたが、もし仮に、和平に向かうチャンスがあったとしたら、２００９年にオバマ大統領が誕生した時だったと思います。私も、当時は大きな期待を抱いていました。

オバマは中東和平を実現する気だったからです。政権が発足した当初から、イスラエルに対して「入植地を凍結せよ」と訴えていました。

交渉役に任命されたのが、当時、副大統領だったバイデンです。ところが、バイデンが現地入りした日に、イスラエルのネタニヤフ首相が「入植地を増やす」と発表してしまいました。バイデンとしては面目丸潰れです。温厚なバイデンもさすがに怒った、という報道がありました。以来、バイデンとネタニヤフは仲が悪いのです。

ともあれ、２００９年のオバマ政権以降、トランプ政権、バイデン政権と15年が経ちました。15年の間、アメリカとイスラエルの関係には、どんな展開があったのでしょうか？　いくつかのエピソードを基に、振り返ってみたいと思います。

２００８年にアメリカで発足したＪストリートという団体は、イスラエル支持を謳いながらも、イスラエルの政策に批判的というニュアンスのある組織です。この団体は、何を求めているのでしょうか？

ひと言では「アメリカが積極的に関与した中東和平の実現」です。もう少し具体的に言うと、「イスラエルは1967年の境界線まで撤退する」ことと、「ガザ地区とヨルダン川西岸でパレスチナ国家を樹立する」ことの二本立てからなる和平です。

また、Jストリートの案では、エルサレムは、イスラエルとパレスチナの「共通の首都」としています。

今までアメリカのユダヤ人組織の大半は、イスラエル政府がどのような政策を行おうと、無条件で支持してきました。ところがJストリートは、イスラエルの政策を公然と批判しつつ、イスラエルの存在を絶対的に支持しているのです。それがJストリートの新しさです。

ちなみに、アメリカの首都ワシントンでは「Kストリート」や「Lストリート」など、アルファベットを冠した通りが東西に走っています。しかし、これまで「Jストリート」という通りはありませんでした。そこで「新しい組織をつくるのだ」という意気込みと、ユダヤ人（Jew）のJとを掛け合わせ、「Jストリート」という組織名になったのです。

▼オバマ政権への期待と失望、トランプの登場

1期目のオバマ政権の国務長官は、ヒラリー・クリントンでした。ヒラリーは大統領になる野望がありましたから、イスラエルに圧力をかける役目には及び腰でした。自分が立候補した時に、アメリカ国内のユダヤ人に嫌われているという状態は望ましくないからです。このため、ヒラリーは積極的に動かなかったのです。

オバマも当初は、中東和平に積極的でしたが、次第にしぼんでいきました。イスラエル支持層からの厳しい突き上げに直面したのでしょう。アメリカにとって、中東で最重要の問題は「イランの核」です。これが片付かないと、アメリカとイランは戦争に突き進む危険があります。もちろん、パレスチナ問題も大事なのですが、現実的には、そこまで手が回りません。

そこで「イランの核とパレスチナの和平」という〝二正面作戦〟は諦め、「イラン

の核問題」だけに絞ったわけです。その証拠に2011年にパレスチナの国連加盟申請にアメリカは反対しています。

イスラエルのネタニヤフ首相も、これをうまく後押ししていました。イスラエルは、本音を言えば和平はしたくない。そこで、イランの核の脅威を声高に訴えて、アメリカの注意をそちらに向けようとした。

オバマ時代の和平交渉は、大きな期待で始まりましたが、何も進展しなかったため、フラストレーションばかりが募《つの》る、という結果になりました。

2017年に次の大統領となったトランプは、2016年の大統領選挙ではイスラエル支持を公約していました。そのトランプの中東政策を考える際に重要な要素の一つは、トランプ家の家族構成です。トランプの娘のイヴァンカは、ユダヤ教徒と結婚し、ユダヤ教に改宗しています。トランプはドイツからの移民の家系で、その信仰の度合いは別としてキリスト教徒です。したがって娘のイヴァンカは、キリスト教からユダヤ教に改宗したわけです。

結婚相手は、トランプと同じように不動産で富を築いたクシュナー家の御曹司のジャレッドです。ジャレッドの祖父はベラルーシからのユダヤ系の移民で、第二次世界大戦中のナチスによるホロコーストの生き残りです。

アメリカに移民して以来、不動産で富を築き、息子のチャールズが、さらにビジネスを大きくしました。この人物がジャレッドの父親です。

さて、イスラエルのネタニヤフ首相は、政界に出る前は、イスラエルの外交官としてアメリカで活躍しました。アメリカではテレビに出演してイスラエルの立場を弁護するばかりでなく、後の政界進出に備えて全米のユダヤ系の富裕層の間に資金提供者のネットワークを築きました。その一人がチャールズ・クシュナーでした。

ネタニヤフはクシュナー家に夕食に招かれ、ある晩、泊まることになりました。ベッドが足りないので、子どもだったジャレッドが自分のベッド・ルームを空けてネタニヤフに提供し、本人はソファに寝たそうです。このようにネタニヤフとトランプの娘婿は長年の深い関係にあります。同床異夢ならぬ同床同夢の関係とも言えます。

ジャレッド・クシュナーがトランプの娘婿で、義理の父親である大統領の中東問題の上級顧問を務めました。

さて2021年に成立したバイデン政権の中東政策は、どのような内容だったのでしょうか。基本的には、パレスチナ問題にはかかわらないという方針でした。クリントンやオバマのような歴代の大統領の努力もむなしく、バイデンは、この問題にはバンド・エイドを貼って、他の問題に集中しようという姿勢でした。ところがガザの爆発が、それを許しませんでした。

すでに見たようにバイデンは親イスラエルですが、ネタニヤフとは感情的な軋轢《あつれき》がありました。その証拠に、ネタニヤフが2022年12月に首相に就任して以降、一度もホワイトハウスに招待していません。イスラエル支持の姿勢を鮮明にするのが、アメリカの大統領にとっては国内政治的に重要です。ですから、このホワイトハウスに招かないというのは、かなり強烈なメッセージです。

2023年10月のガザ戦争以前にも、もちろんバイデンはネタニヤフに会っていますが、それは2人が国連総会に出席した際の、ニューヨークでのことでした。バイデンは、ネタニヤフを玄関からは招かず、勝手口越しに話をしたようなものです。

イスラエルの指導者にとっては、対アメリカ関係を順調に維持して国民を安心させるのが、国内政治的に不可欠ですので、このバイデンの扱いはネタニヤフには面白くなかったでしょう。要するにバイデンは親イスラエルですが、親ネタニヤフではありませんでした。少なくとも10月7日のハマスの奇襲までは。

▼「もしトラ」から「待ちトラ」の姿勢

トランプは親ネタニヤフで、親イスラエルでした。ネタニヤフは2024年11月の大統領選挙で、トランプが勝利を収めてホワイトハウスに戻ってくるのを期待しているでしょう。それまでは何としても権力に、しがみついていたいはずです。

トランプのホワイトハウスへの復帰の可能性を「もしトラ」などと表現します。「もしかしたら」という意味です。ところが世論調査ではトランプの支持がバイデンよりも高く、今はトランプに「なりそうだ」の「なりトラ」の状況です。ロシアのプーチン大統領やネタニヤフ首相は、トランプ復帰が自分に好都合だとして待っている「待ちトラ」の姿勢です。

以上が、アメリカとイスラエルの関係の大きな変化の流れでしょうか。

そして、こうしたアメリカ社会の変化が、イスラエル支持に明らかに反映されています。

ですから、共和党政権の時には、「イスラエルが言うことは何でも聞く」という感じさえしてしまうほどです。

さらに怖いのは、イスラエルのネタニヤフ首相は、本当にイランが脅威だと思っていることです。「イランを潰したい」と思っているのですが、イスラエルだけでは力が足りない。だからアメリカにやってほしい。そこでアメリカに「イランは危ないから、今のうちに潰したほうがいいよ」とさかんにけしかけるわけです。

しかし、アメリカとしては、戦争なんかしたくない。それほどの余裕もありません。だから、イスラエルの誘導には乗らないとは思いますが、たとえばニッキー・ヘイリーのような過激な人たちは、イランに対し、激しいレトリックで〝口撃〟をしています。ただの舌戦にとどまらず、本当の実力行使になったりしなければいいのですが。ちょっと心配です。

トランプは、イランに対してかなりひどいことを言っていましたが、「いざ！」という時には攻撃しませんでした。サウジアラビアの油田が攻撃された時や、アメリカの無人偵察機が撃墜された時などは、戦争を始めることもできたはずです。でも、しなかった。もしやったら再選がないというのがわかっていたからです。おそらく、ギリギリのところで踏みとどまったのではないか、と思います。

しかしトランプが2期目の当選をすると仮定すると、3期目がないのであれば、選挙の心配をせずに、何でもできます。ぞっとしてしまいます。

ガザの情勢を見ていると、和平の必要性が強く感じられます。しかし殺し合いの結果、相互の信頼は消滅しました。

和平の必要性は高まったのに、可能性はどんどん低くなったのです。

こうした中東情勢を背景に、2024年11月にアメリカの大統領選挙が行われます。

トランプがホワイトハウスに戻ってくるのではないかと、世界がアメリカの動向を息を詰めて見守っています。

▼トランプとキリスト教福音派

トランプの中東政策理解の第一の鍵が家族関係だとすると、第二の鍵は、その支持基盤です。トランプに投票する層の中でも重要な柱の一本は、先に紹介したキリスト教福音派とか原理主義者と呼ばれている人々です。

彼らはイスラエルを、神が奇跡によって樹立した国だとみています。そして、聖地パレスチナ全土がユダヤ化されることが、この世界にイエスが戻ってこられる準備になると信じています。したがって、ネタニヤフのヨルダン川西岸へのユダヤ人の入植推進は、素晴らしい政策になるわけです。

キリスト教福音派は国内政策では、妊娠中絶に反対です。母親から生まれた子どもを殺すのが罪ならば、母の胎内にいる子どもの命を絶つのが殺人でないはずがない。そう考えています。中絶を非合法にしようというのが、彼らの政策目標です。

トランプは、福音派の希望にそって、次々とアメリカ連邦裁判所の判事に妊娠中絶に反対する人物を任命しました。福音派の要求と期待に応えたわけです。

トランプ自身は何度も離婚していますし、噂も含め不倫の回数も数え切れないほどです。決してキリスト教徒の模範という人物ではありません。好ましからざる人物を福音派が支持して、厳格な宗教的解釈にそった政策を実現しようとしているわけです。不思議な光景だと言えます。しかし福音派の多くは、神がトランプという道徳的には欠点の多い人物を、御心《みこころ》にそった政策を実現する道具としてお選びになったのだと考えています。

▼イラン核合意からの離脱

　ここからは、トランプ政権の中東外交最大の「成果」を見ておきましょう。イラン核合意からの一方的な離脱です。イランとの核合意は、前にも触れたようにオバマ政権の外交的な成果でした。イランはウラン濃縮を低いレベルにとどめ、厳しい査察を受け入れるという譲歩をしました。アメリカなどの大国は、イランに対する経済的な制裁の解除を約束しました。やっとイランの核問題が平和的に解決したと世界は安堵していたのでした。

　ところが、トランプ大統領が一方的に合意から離脱したのです。そして経済制裁を再開し強化しました。イランはウラン濃縮のレベルを上げ、現在は、いくつかの核兵器を製造するのに必要な濃度のウランを十分な量、保持しているとみられています。現在はガザの問題に覆われていますが、中東における最大の問題は実はイランの核問題です。

　よく知られているように、天然のウランは、そのままでは、役に立ちません。濃縮する必要があるのです。濃縮レベルが、ある程度まで来ると原発の燃料になります。

さらにレベルを上げると原爆の材料になります。ウラン濃縮というのは、平和利用と軍事利用の両方に使われる技術なのです。

制限をかけるとはいえ、濃縮の技術をイランが保持するのは危険すぎるとしてイスラエルは、この核合意に反対でした。そのイスラエルの意向を受けてのトランプの核合意からの離脱でした。ネタニヤフ首相は、「俺がトランプを説得して離脱させたのだ」と得意げに語っています。

トランプはオバマの成果をぶち壊しにしたいとの、強い思いにもかられたことでしょう。しかしさすがにイランとの戦争までは始めませんでした。トランプのイラン政策の唯一の救いと言えば救いだったでしょうか。

もし2024年の大統領選挙でトランプが戻ってくるとすると、そのイラン政策は再びどうなるのでしょうか。

2024年は、辰年のはずでしたが、「トラ年」になるのでしょうか。もう次の選挙のないトランプの暴走が心配です。

▼アメリカ大使館をエルサレムに

トランプは、パレスチナ問題では何をしたのでしょうか。一番大きな「仕事」は、アメリカの在イスラエル大使館をエルサレムに動かしたことです。トランプは2017年にエルサレムへの移転を発表し、2018年に実行しました。大使館をエルサレムに置くということは、エルサレムがイスラエルの首都だと認めることになります。

1947年の国連の分割決議が、エルサレムを国際管理下に置くと決めていたのを思い出してください。聖都エルサレムの国際法上の地位は未確定、というのが国際社会のコンセンサスでした。それで、アメリカも日本も各国は大使館をエルサレムではなくテルアビブに置いていたわけです。

ところがアメリカが、エルサレムをイスラエルの首都だと認めてしまいました。中東和平の最大のポイントはエルサレムの所有です。それを最初からアメリカがイスラエルのものだと認めてしまうと、そもそも難しい交渉が、さらに難しくなります。アメリカが、中東和平の仲介者としての地位を放棄するような行為です。

さらに2019年には、イスラエルが1967年の第三次中東戦争でシリアから奪ったゴラン高原をイスラエルの領土だと承認しました。

トランプは、他にもパレスチナ暫定自治政府へのアメリカの援助を打ち切りました。また、ワシントンのパレスチナ暫定自治政府事務所の閉鎖を命じました。徹頭徹尾、イスラエル寄りの政策を展開したのでした。

トランプの中東外交の柱の一つはイランへの「包囲網」の結成でした。そのために、イスラエルとアラブ首長国連邦そしてバーレーンとの国交樹立を仲介しました。2020年のことでした。これを「アブラハム合意」と呼びます。

▼イスラエル支持の2つの基盤

このトランプの中東政策の展開が反映しているのは、キリスト教福音派というイスラエル支持層の力です。

伝統的に、イスラエルの支持層としてはユダヤ系市民がいました。そして新たな支持層が登場したわけです。

福音派の動きというのは、1980年代のレーガン大統領の頃から目立ち始めました。レーガンは1981年から1989年にかけて大統領でした。福音派の層が共和党支持なので、共和党はイスラエル支持の政党となっています。

ユダヤ系の市民は、伝統的に民主党の支持基盤でした。現在でも、それは変わりません。

しかし、ユダヤ系の市民も含め民主党支持の若い層の間には、紹介したJストリートのようにイスラエルに批判的な流れも出てきました。そして、イスラエル離れの動きは加速され、現在では民主党員の間ではイスラエルに批判的な意見が、さらに強くなっているのです。

6章

第三次世界大戦の可能性

日本は、世界は、どうすればいいのか

▼石油を9割も中東に依存する日本

今後、日本はパレスチナ、イスラエルとどう付き合えばいいのでしょうか？

本書の読者は問題意識の高い方たちだと思います。しかし、多くの日本人は、「戦争はどうなるんだろう？」と心配したり、報道の映像を見て「ひどいよね」と心を痛めたりはしますが、「日本はどうしたらいいのか」ということまでは、あまり考えないかもしれません。

でも本当は、他人事ではないのです。石油がなければ生活できないことは、誰もが知っています。そして石油はいつでもあるものと安心しています。

しかし、だとしたら、とんでもない思い違いです。日本は、石油の9割を中東から買っています。もし石油が入ってこなくなったらどうなるか？　日本の経済も生活も数か月先には停止してしまうでしょう。つまり、中東の安定は、そのまま日本の安定でもあるのです。

若い世代は知らないかもしれませんが、1973年には4回目の中東戦争がありました。第四次中東戦争です。これが「オイルショック」を引き起こしました。後の1

978年にイランの革命状況で石油受給が削減されるショックがありましたので、1973年の危機を第一次石油危機、そしてイラン革命時の危機を第二次石油危機と呼んで区別しています。

この時、日本人の生活に大きな影響が出ました。当時、石油が入ってこなくなる、という危惧が現実になりつつありました。日本としては、アラブ諸国のご機嫌を損ねるわけにはいきません。そこで、日本政府が「イスラエルの全占領地からの撤退を求める」とコメントしたのです。

この問題に中立だった日本としては、一歩踏み込んだ発言でした。国際法上、占領地からの撤退を求めるのは筋ですから、当然と言えば当然です。しかし内情は、アラブ側から猛烈な圧力を受けて言わされた――。そういう感覚だったと、当時の外交官の方からお聞きしました。

世間は、「アラブ寄り」ではなくて、油が欲しいから「油寄《アブラ》りだ」などと揶揄《やゆ》しました。それでも日本の占領に対する立場は「まとも」ではないでしょうか。

裏事情はともあれ、「原則を説く」というのは、やはりとても大切なことだと思います。というのも、「占領地からの撤退を求める」とイスラエルに言わなければ、ロシアに対し「北方領土から出ていってくれ」とか、韓国に対して「竹島から出ていってくれ」と言えなくなるからです。

今回のガザにおいても、「イスラエルがやっているから悪い」と相手次第で言うのではなく、「占領は間違っている」という大原則を説き続けることが重要なのだと思います。

「占領地からの撤退を求める」というのは、決して〝反イスラエル的〟ではありません。最終的にはイスラエルにとってもいいことだ、と思っているユダヤ人も多数いるわけです。原則は原則として通していく――。これが日本の取るべき態度だと思います。

▼フットワークが重すぎる日本政府

いずれにしろ、「日本の中東原油依存が9割以上」というのは、やはり異常だと思います。この割合を減らすべく、エネルギー政策を根本から考え直さないと、日本の主権さえ危ぶまれます。中東以外の産油国との関係を深めていくことも、一つの知恵として必要でしょう。

今回の戦争で、政府の対応を見ていると、頑張っているかな、とは思います。でも、やはりフットワークが重すぎる、とも思っています。

10月7日の大惨事が起こって1か月近くも過ぎて、やっと外務大臣がイスラエルに行きました。アメリカのブリンケン国務長官が4回も行っていた時にです。「イスラエルのテロの犠牲者に哀悼の意を表する」と表明するのはいいのですが、それはテロ事件の直後に駆け付けて言う言葉です。世界の話題は、もうそこにはない。ガザの子どもが死んでいる映像が出ている時に外務大臣が行って、「イスラエルと連帯を確認した」と言っているのは、間が抜けすぎてはいませんか。

岸田総理にしても、わざわざドバイに行き、イスラエルのヘルツォグ大統領と会談した。会うこと自体は悪いとは言いませんが、イスラエルはその日に、休戦していた戦闘を再開しているのです。世の中にはタイミングというものがあります。外交はさらにそうでしょう。

また今回、イスラエルのハマスに対する攻撃を見て、「日本の防衛は大丈夫かな?」

と、改めて不安になった人もいるでしょう。

いくらハイテクなミサイル防衛を整備しても、安いミサイルを1000発撃たれたらなす術がないのだと、今回の戦争が教えてくれています。今後、日本の防衛を考える時に、「ミサイル防衛をどうするのか」とか「ドローンに対する防衛をどうするのか」など、相当考えないといけません。対空防衛の予算をどう捻出するか、どう使うかも含めて、われわれの喫緊の課題だと思います。

イスラエルから学ぶことも多いと思っています。イスラエルでは、大きなビルには必ず防空壕がついています。地下室があるのです。楽しく食事や買い物をする場面でも、同時に危機も想定して備えている。備えあれば憂いなし、日本も学ぶべきではないかと思います。

日本では、周辺からミサイルが降ってくる可能性が、年々、というより日に日に高まっています。さすがに「明日から」というのはムリでしょうが、新たに建てるビルには必ず地下設備をつくるなど、長期的な視点から「国民を守る」という政策が必要ではないか、と強く思っています。

▼なぜ、日本のエネルギー政策は中東一辺倒なのか?

くり返しになってしまいますが、やはり、今の日本が考えるべきは、エネルギー政策でしょう。50年前に「オイルショック」があり、大変な思いをしました。それなのに、当時よりもさらに、原油の中東への依存度は増しているのですが、国民の多くは無自覚のようです。

叱られるのを覚悟で言いますが、「日本の政策担当者は何を考えているのだろう」と不安しかありません。中東情勢の不安定さに驚くより、日本人が中東に依存していながら何も気にしていないところに、私は唖然とするのです。

たとえば、アメリカは、シェール・ガスとシェール・オイルによってエネルギーの海外依存度を下げました。

エネルギーの自給体制を確立し、輸出国にさえなっています。

中国は、海外依存度を高めていますが、それでも中東からの輸入は6~7割に抑え、残りの3~4割はアフリカやラテンアメリカから買っています。

これだと確かに割高にはなります。でも、国の安全保障を考えるならば、必要な

「ムダ」だと言えます。日本のように、企業に任せている現状では、一番安いところから買うのは当然です。だから自然と中東への依存度が上がってしまうわけです。

本当は、安全保障のコストと割り切って、政府がもっと介入して、中東以外から購入すべきだと思います。「中東以外から買ったら補助金を出す」などとすればいいのではないでしょうか。

サウジアラビアがこけたら日本経済もこける、というより日本人は干上がってしまいます。この構造は危険すぎます。経済安全保障については、議論もされるし話題にもなる。同じように、エネルギーの安全保障についても、自分たちの生き死にに直結するテーマですから、国民の側からも口やかましく言って要求したほうがいいと思っています。

省エネや再エネ、とくに地熱の利用を議論すべきです。まずは問題意識を持つことから始まると思い、あえてしつこく、この話をさせていただきました。

では、なぜ、日本では政策面で新しい考えが出てこないのか？　それは、日本のエネルギー経済を研究している人の大半が経産省のお金で勉強しているからです。「この仕組みは、日本にとって危ないから変えよう」などと言ったら、スポンサーから叱られてしまうのです。

やはり、経産省以外のところからお金をもらって勉強する人を育てないと、システム的に新しい議論は出ないと思います。調査・研究で海外に行くにはお金がかかります。だから、経産省系からお金をもらった石油エコノミストが育ちやすい。意外な問題点かもしれません。

いずれにしても、国民が問題意識を持つことで何かが変わると期待しています。経産省系以外の資金で石油やエネルギーを研究できる体制を作らないと、今の石油政策オール与党体制は何も変わらないでしょう。

▼ロシアはこれからどう絡んでくるのか？

今回の戦争に、ロシア、プーチンはどう絡んでくるのでしょうか？　どんな算段をしながら、これを見ているのでしょうか？

ロシアが今、高笑いをしていることは、間違いないと思います。いくつか理由があります。

1つ目は、石油で儲かるからです。中東で何かが起これば、石油の値段は自動的に上がります。ロシアは世界最大のエネルギー輸出国の一つですから、自動的に潤うことになるのです。自分たちは何のアクションも起こさず潤うわけですから、こんなにうまい話はありません。

2つ目は、ウクライナ戦が有利になることです。欧米、とくにアメリカでは、資金が、イスラエルに向けられます。すると、ウクライナには行かなくなる。当然、ウクライナの戦力は低下するので、ロシアは有利になる。自分たちは何もしていないのに、ウクライナが弱くなるのですから、ロシアにとっては実にうまい話です。

3つ目は、アメリカの偽善をアピールできることでしょう。アメリカは、ロシアのウクライナ侵攻を強く批判しました。しかし、イスラエルがパレスチナに侵攻し、占領を続けていることに対しては、アメリカは黙認しています。つまり、ダブルスタンダードなのです。

プーチンはこれまでも、いかに欧米が偽善であるか、という主張をくり返し発信してきました。今回の件で、世界がイスラエルの実態を知ることになり、「私の言っている通りだった」と、プーチンは訴えることでしょう。プーチンにとっては願ったりかなったりです。

以上のような観点からも、今回の件は、ロシアには〝棚からぼた餅〟です。何もしないのに得をしたわけです。

〝棚ぼた〟だと喜んでいるのは、中国も同じでしょう。

アメリカは近年ずっと、「これからは中国と対抗していく」ということを言ってきました。しかし、今回の戦争が始まってからは、航空母艦をレバノンの沖に配置しています。本来、中国に対抗するなら、レバノン沖ではなく、東シナ海や南シナ海に派遣すべきでしょう。

アメリカが中東から足を抜けられなくなればなるほど、中国もハッピーなのです。

もちろんハマスは、ロシアや中国のために戦争をしかけたわけではありません。しかし結果的には、西側と敵対する二大国を利することになっているのです。

▼中露欧米を巻き込んで、第三次世界大戦の可能性はあるのか？

ガザから始まり、第三次世界大戦の火ぶたが切られる――。そのような心配をする人も多いでしょう。私としては、あまり不安をあおるようなことは言いたくありません。

でも、「その可能性はなきにしもあらず」というところでしょうか。

一番心配しているのは、ガザの状況があまりにもひどいために、「レバノン南部のシーア派の組織ヒズボラ」が、イスラエルと戦争を始めることです。

仮にヒズボラが動けば、イスラエルはヒズボラを攻撃せざるを得ません。しかし、ヒズボラのスポンサーはイランなので、今度は、イランとイスラエルが戦争することになります。

すると、どうなるか？　アメリカ軍が中東各地に駐留していますから、当然、援護をします。玉突きのように、イランとアメリカが戦争を始めてしまう。そして、中国やロシアはイランに肩入れして、世界を巻き込み、第三次世界大戦が勃発する――。

レバノンのヒズボラ戦闘員（AFP＝時事）

怖いシナリオを重ねていくと、世界の終わりという絵も描ける、ということです。

イスラム教シーア派の組織である「ヒズボラ」は、15万発のミサイルやロケットを持っています。多くが「精密誘導ミサイル」で、ピンポイントで狙い撃つことができる。ですから、ハマスとは比較にならないほどの破壊力を持っているわけです。

たとえるなら、イスラエルはメジャーリーグ、ハマスはリトルリーグ、ヒズボラは日本のプロ野球ぐらいでしょうか。イメージがつかみやすいかもしれません。

ヒズボラは、うまくやれば時々は、イスラエルに対し、相当な打撃を与えることもできるはずです。しかし、イスラエルに徹底的に叩かれることもわかっています。生き残りのリスクをヒズボラがどう考えるかです。ヒズボラはレバノン南部を支配し、住民を抱えていますから、ハマスほどの捨て身の覚悟では戦えないでしょう。レバノンの市民も「イスラエルの爆撃は絶対に嫌だ」と思っているでしょうから、大掛かりな作戦は遂行しないのではないか、というのが私の推測です。

ヒズボラは今、対戦車ミサイルなど、限られたものを撃っていますが、それは軍事目標に対してだけです。

ただし、戦争は一寸先は闇。何が起こるかわかりません。

▼神の党、ヒズボラのルーツ

ヒズボラは「神の党」という意味です。その誕生には1979年のイラン革命政権の成立がかかわっています。

この1979年には中東では、もう一つ大きな事件がありました。アメリカのジミー・カーター大統領の仲介によるエジプトとイスラエル間の合意です。カーターは1977年に就任した大統領です。キャンプ・デービッドという場所で交渉が行われたので、「キャンプ・デービッド合意」と呼びます。この合意によってエジプトとイスラエルは、平和条約を結びます。

エジプトの圧力から解放されたイスラエルは、1982年にレバノンに侵攻して、ヨルダンから亡命していたPLOを追い詰めます。

首都ベイルートで包囲されたアラファトとゲリラは、その後に交渉によってチュニジアへ脱出します。こうした経緯は前にも触れた通りです。

ゲリラのいなくなったベイルートでは、サブラ・シャティーラのパレスチナ人難民キャンプで、イスラエルと同盟していたレバノンのキリスト教徒の民兵による難民虐殺が発生しました。

さてレバノン南部では、占領を続けるイスラエル軍に対する抵抗運動が始まります。抵抗したのはシーア派の住民でした。その住民が組織したのがヒズボラでした。

ヒズボラの組織化を助けたのが、1979年にイランで成立した革命政権でした。イランはシーア派が多数の国家でしたから、アラブ世界のシーア派に同情的でした。

イランは革命防衛隊をレバノンに送りました。

ヒズボラは、強力なイスラエル軍と戦い続けます。殉教を恐れぬ勇敢な戦闘で2000年には、ついにイスラエル軍をレバノンから撤退させます。イスラエル軍が、戦闘に敗れてアラブの領土から退いた唯一の例です。

ヒズボラには、同じイスラム教徒として「ハマスを見捨てるわけにいかない」という義侠心のようなものがあるので、先が読めない怖いところです。

▼イランがヒズボラを動かすことはないのか?

ヒズボラを支援してきたイランとしては、現時点でヒズボラを使いたくないでしょう。というのは、イランは核開発をしていますから、下手な動きはしたくないのです。

イスラエルはずっと「イランの核開発を潰したい」と思っています。ヒズボラが動くことは、イスラエルにイランの核施設等を爆撃するきっかけを与えることになる。そうなったら、アメリカも加担してくる可能性は高い。イランとしては、リスクは避けたいはずです。

もちろん、イスラエルから爆撃機が飛んできたら、イランもイスラエルにミサイルで反撃するでしょう。ヒズボラが持っているミサイルは、イスラエルを牽制するための抑止力なのです。

イスラエルがイランを攻撃したら、イランからもミサイルが飛んでくるけれど、ヒズボラからも飛んでくる可能性が高い。イスラエルとしても、攻撃を踏みとどまらざるを得ないわけです。双方が相当な緊張感を持ちながら、構えだけは「いつでもやるぞ」と整えているのが、イスラエルとイランの現状です。ヒズボラの存在は、両国にとって大きな重石《おもし》、というか抑止力になっているのだと思います。

ヒズボラがイスラエルを攻撃するシナリオを論じてきましたが、逆はどうでしょうか。つまりイスラエルがヒズボラに先制攻撃をしかけるという展開です。実は、ガザ戦争が始まった直後には、ヒズボラが攻撃をしかけてくるかもしれないなら先手を打って叩いてしまおう、あるいはヒズボラとの戦争が不可避ならば、先手を打とう、という議論がイスラエルの上層部で存在したようです。

アメリカのバイデン大統領やブリンケン国務長官が、一所懸命に説得に努めてイスラエルはヒズボラに対しては大きな動きを見せませんでした。しかし、低レベルとはいえヒズボラとの衝突が続いていることもあり、イスラエルの指導層の間では、本当にヒズボラを叩いてしまおうとの議論が再び高まっているようです。

背景にはレバノンとの国境地帯のイスラエル北部の住民が、中部以南に避難していますが、家に帰りたいとの希望を表明しているからです。ヒズボラの問題を片付けろという声が上がっているわけです。

また、ネタニヤフ首相は戦争が終われば、奇襲を受けた責任やら汚職疑惑などで政治的な生命を絶たれる恐れがあります。

ヒズボラとの戦争が生き残りの道なのです。レバノンとイスラエルの国境地帯から目が離せません。

そういえば、興味深い話を耳にしました。

2023年10月7日の戦争が始まった後、ハマスの指導者がイランの首都テヘランに行った時、最高指導者のハメネイ師が、「お前、何も言わずにやっただろう。責任を取れ」と突き放したという話です。「もうハマスは助けない」という意味だと思います。ですから、イランはやはり、戦争をする気はないのだと思います。

とはいえ、イラクやシリアの各地には多数の民兵組織がありますから、ここも何をしでかすかわからないため、不気味です。シーア派の民兵が、イラクやシリアに駐留するアメリカ軍にドローン攻撃などをやっています。「イランは何もしていない」と言われるのは嫌だから、そうやって小さな攻撃をして、アメリカに圧力をかける〝フリ〟をしているのです。

中でも威勢のいいのが、イエメンの反政府組織「フーシ派」です。

▼ガザ戦争拡大のシナリオ――イエメンのフーシ派

フーシ派は、アラビア半島南部の国イエメンの広い部分を支配しています。そのフーシ派がイスラエルに向けて弾道ミサイルなどを発射しています。また同派は、紅海でイスラエル関連とされる船舶を拿捕《だほ》したり攻撃したりしました。紅海は世界貿易量の12%が通過する重要な航路です。フーシ派の動き、そして、フーシ派への対応によっては、重要な貿易路が長期にわたって使えなくなる懸念があります。

また、戦乱が周辺の産油国に飛び火する可能性もあります。そうなれば、間違いなく輸入物価全般の上昇、さらにはエネルギー価格の上昇によって、世界中の人々の生活が脅かされるでしょう。

この世界の表舞台に突然に躍り出てきたフーシ派とは、いったい何者なのでしょうか。フーシ派は、シーア派の一部とされるザイド派に属し、イエメン北部でサウジアラビアと国境を接するサアダという地域を拠点としています。

ちなみにイエメンの人口の3分の1はシーア派です。イエメンの総人口が3000万人程度なので、実数にすると1000万人がシーア派という計算になります。

2011年に「アラブの春」と呼ばれる現象がアラブ諸国で吹き荒れました。人々の民主化を求める動きでした。

同年1月にチュニジアで独裁政権が倒れました。翌2月にエジプトでも同様に長期独裁政権だったムバラク大統領が退任します。3月にはシリアで内戦が始まります。5か月後の8月にはリビアでカダフィ政権が倒れます。そして、イエメンでも同様の動きがありました。

結果独裁体制は倒れたのですが、その後の2014年にイエメンは内戦に陥ります。

その内戦の過程でフーシ派は勢力を強めます。同年9月に、フーシ派はイエメンの首都サナアを掌握します。

ちなみに、フーシという人物に指導されているのでフーシ派として言及されますが、これは他称です。つまり、周辺がフーシ派と呼ぶわけです。自称はアンサッラー（神の味方）です。

▼イスラム教徒としての団結心

同じシーア派ということもあって、フーシ派はイランの軍事支援を受けています。ですけれどもイランのシーア派は、12イマーム派と呼ばれ、シーア派の中では別の流れに属しています。おそらくイランは2010年代に入ってからフーシ派に対して、とくに技術援助を本格化させたようです。

イランから直接に、またレバノンのヒズボラ経由でも支援がフーシ派に与えられたようです。その成果が、現在のフーシ派のミサイルやドローン戦力です。

軍事的にはフーシ派は、サウジなどが支援してきたイエメン「政府」を圧倒しています。サウジは、２０１０年頃からイエメンに介入していました。というか、常にサウジは国境地帯のイエメンのさまざまな部族に資金を出して影響力を持っていますから、介入を強めたという表現が、より適切でしょうか。

そしてフーシ派がサナアを制圧した翌年の２０１５年からは、本格的に軍事介入してきました。この軍事介入にはアラブ首長国連邦も加担しました。フーシ派を爆撃したり、同派が利用しているホデイダ港を封鎖して輸入経路を断ったりしました。そのため、食料を輸入に頼るイエメンでは飢餓が広がりました。ガザの状況を想起させる展開でした。

現在、サウジアラビアに接する北部を中心にイエメンの国土の広い部分をフーシ派が支配しています。すでに紹介したように２０２３年の10月19日から、つまりハマスが奇襲に成功した12日後から、イスラエルに向けて弾道ミサイルなどを発射しています。その大半は紅海上のアメリカやフランスの艦艇によって、あるいはサウジアラビアによって撃墜されています。また、イスラエルの対空ミサイル網が捕捉に成功しています。

フーシ派の対イスラエル攻撃の動機は何か。軍事支援してきたイランの意向を受けての動きでしょうか。どうも、そうではないようです。イラン自身は、ハマスの10月の対イスラエル作戦は事前に知らされていなかったようです。またすでに説明してきたように、イスラエルやアメリカとの戦争に巻き込まれるのは避けたいとの意向を何度も明確にしています。

ということは、フーシ派は独自の計算と論理で行動しているのでしょう。一つには、イエメン国内でのパレスチナ人に対する同情心が高まっているようです。同じアラブ人としてイスラム教徒として、強い連帯心を抱いているようです。イエメン国内では、大規模なパレスチナ人支持のデモがくり返し行われています。

フーシ派は、ガザのパレスチナ人のためにイスラエルと戦う唯一の勢力として、自己の正当性をイエメン人に、そしてアラブ・イスラム世界全体にアピールしています。フーシ派の戦いは、ガザ支援を訴え、イスラエル非難声明を出すだけで、実際には何もしないアラブ・イスラム諸国への痛烈な批判でもあります。

▼日本のタンカーは安全なのか？

フーシ派の対イスラエル戦争において、実際により強い衝撃を国際社会に与えているのは、イスラエルに向けてのドローンやミサイルの発射ではありません。紅海におけるイスラエル絡みの船舶に対する拿捕《だほ》や攻撃です。

2023年11月19日に日本郵船がチャーターしていた輸送船の「ギャラクシー・リーダー」号が拿捕され、乗組員25人が拘束されました。この船の一部がイスラエル資本の所有だというのが、フーシ派に狙われた理由のようです。

そして12月9日にフーシ派は、イスラエルに向かう船以外は攻撃の対象としないと発表しました。つまり、イスラエルを利する船以外は狙わないというわけです。イスラエル資本でなく、イスラエルから、あるいはイスラエルに向かう船でなければ、安全なのでしょうか。

紅海はスエズ運河につながっています。アジアとヨーロッパを結ぶ交通の要です。それゆえ、フーシ派の行動は世界貿易への大きな障害となり得ます。すでに大手の船会社や石油会社が何社も、この海域からの迂回を発表しています。

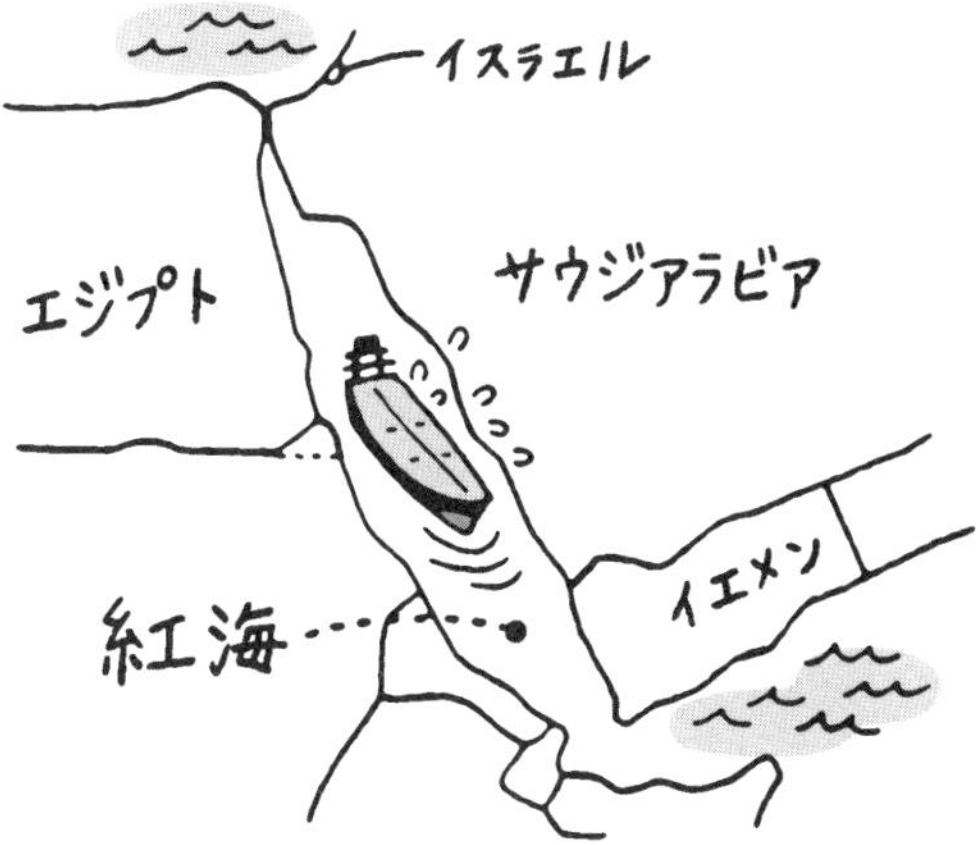

この措置が長期に及べば、世界の物価に跳ね返り、インフレ圧力となるでしょう。紅海とスエズ運河を使う代わりに南アフリカの喜望峰回りで航海した場合には、距離が約4割は長くなります。その分、船のチャーター料金、燃料代、人件費、保険料などの運航費が増えてしまうのです。

またこの海域の海底にケーブルが通っています。これが世界の情報の流れに大きな役割を担っています。注目しておきたいポイントです。

さて、フーシ派の行動は軍事力で止められるのでしょうか。2023年12月1日付けのオンライン紙の『タイムズ・オブ・イスラエル』によれば、サナアのミサイルの貯蔵施設で爆発がありました。記事は、背後にイスラエルの関与を示唆しています。イスラエルのネタニヤフ首相は、テレビのインタビューで、フーシ派によるイスラエルとイスラエル関連の船舶への攻撃を停止させるようにと国際社会に対して警告を発しました。そして、もし国際社会が動かない場合には、イスラエルによる対応を示唆しました。

こうした状況を受けてアメリカは、各国による共同軍事行動によるフーシ派の封じ込めを提案しました。つまり、紅海海域に各国が海軍の艦艇を派遣して、「連合」艦隊を組織して警備にあたるという提案です。作戦名は「繁栄の守護者」です。

石油供給を守るために日本も、合同作戦に参加すべきだとの議論が一部ではあるようですが、そもそも、前提とする地理を間違えています。紅海経由で日本に来るタンカーはありません。ペルシア湾とかホルムズ海峡ならともかく、日本の石油供給を守るために紅海の作戦に参加するというのは、どうもいただけません。エネルギー安全保障ではなく、日本の貿易路を守るためにというのであれば、少しは説得力のある議論になりますが。

イエメンに隣接するサウジと近隣国のアラブ首長国連邦の対応は、どうでしょうか。というのは、両国は、2015年にイエメン政府を支援して同国の内戦に介入したからです。フーシ派の港湾を封鎖したり、激しい爆撃を行いました。こうした動きは前にも言及した通りです。しかしながら、期待に反して内戦は泥沼化します。

フーシ派は、介入への報復として主としてサウジを、そして時にはアラブ首長国連邦の両国を、ドローンや地対地ミサイルで連日のように攻撃しました。石油関連施設などが目標となりました。この間フーシ派は1000発のミサイルと、350機のドローンをサウジに向けて発射しました。使われた9割には誘導装置がついていました。つまり、正確に目標に到達するようになっていたわけです。フーシ派の技術水準の高さを示していました。

結局、両国は、7年後の2022年に、内戦から手を引くためにフーシ派と交渉を開始し、同年春に停戦が合意されました。合意は同年10月には失効しましたが、合意内容は、実質上は守られてきました。合意の内容の骨子は、フーシ派もサウジに支援されたイエメン政府も、相互に相手の支配する都市や港湾の封鎖を解除する、というものでした。かくしてフーシ派支配地域の人道問題は大幅に緩和されたのです。

港湾の封鎖で食糧を輸入できずに苦しんだイエメンの人々の経験が、同じように苦しんでいるガザのパレスチナ人への同情心を強くしていることは想像に難くありません。

そして、停戦を正式に延長するための交渉が続いており、2023年10月に署名の運びとなっていました。その矢先にガザ戦争が起こり、それが延期となってしまったのです。やっと12月になって、かろうじて停戦の延長が合意されました。これがイエメンに恒久的な平和と統一政権をもたらすかどうかは不明です。

しかし、安定への大きな一歩なのは間違いありません。内戦から足を抜きたいサウジが、なんとか問題の複雑化を避けようと、アメリカにフーシ派を爆撃しないように待ったをかけたと報道されています。

▼イスラエル、アメリカ、イギリスとの「正義の戦い」

結論を言うと、サウジとアラブ首長国連邦の両国は、今回のアメリカの連合艦隊結成の提案に参加を表明していません。またフーシ派は、自派に対する攻撃のために基地を使わせたり上空を通過させたりする国は、報復の対象とすると警告を発しています。

ただ艦隊を配置するだけでは、フーシ派の行動は抑止できません。また、フーシ派の発言の効果を止められません。すでに石油価格や船舶輸送の運賃は高騰しています。フーシ派は紅海への機雷の敷設を示唆《しさ》していますが、もし機雷が流されれば、当分の間は船舶の紅海通過は困難になります。

フーシ派支配地域への空爆も、問題の解決にはつながらないでしょう。同派はすでに2015年から22年にかけて7年間、サウジアラビアやアラブ首長国連邦の空軍による爆撃を経験しています。それでも、フーシ派のミサイルは止まりませんでした。

あの狭いガザをイスラエル軍があれだけ激しく6か月にわたって爆撃しても、ハマスのロケットは止まっていません。広いイエメンに拡散されているであろうフーシ派のロケット、ミサイル、ドローンを殲滅するのは、容易ではありません。

にもかかわらず2024年1月には、アメリカとイギリスの両軍がフーシ派への攻撃に踏み切りました。この攻撃を受けても、フーシ派による船舶への攻撃は止まっていません。今度はアメリカの貨物船が攻撃されました。

爆撃を受けてイエメン人は、フーシ派の下で団結しつつあります。憎《にっく》きイスラエルと戦っているばかりでなく、背後にいる超大国アメリカとジュニア・パートナーのイギリスともフーシ派が戦っているわけです。イエメン国内では、「正義の戦い」を行っているフーシ派には誰も反対できないような雰囲気でしょう。国際的な承認を受けていた「政府」の存在が霞んでしまいました。

今やフーシ派の上には、錦の御旗が翻《ひるがえ》っているような状況です。また、アラブ・イスラム世界でもイエメン人の勇気を賞賛する声が上がっています。アメリカやイギリスが爆撃すればするほど、フーシ派の人気が上昇しそうです。

爆撃に効果がないのはアメリカも理解しているようで、これでフーシ派の攻撃が止まるかと問われたバイデン大統領が「ノー」と答えています。効果がないのを理解しながら、攻撃を始めたバイデン政権は機能不全なのでしょうか。

フーシ派は、紅海ばかりでなくペルシア湾を含む周辺海域にも攻撃を行うと宣言しました。状況は、良くなるどころか、もっと悪くなりそうです。ただ注意しておきたいのは、攻撃が無差別ではないということです。

イスラエルやアメリカ、イギリスと関係のない船は無事に紅海を航行しています。中国やロシアの船が紅海を無事に航行しているのは、報道されている通りです。

フーシ派の要求は、イスラエルによるガザ攻撃の停止です。事実、２０２３年11月に一時停戦した際には、フーシ派も攻撃を控えました。

アメリカやイギリスは、効果の期待できないフーシ派爆撃ではなく、イスラエルを説得してガザでの停戦を実現すべきです。こうした道理が通らないのが現在の中東なのでしょうか。

パレスチナ紛争年表

西暦	出来事
19世紀末	ユダヤ人のパレスチナへの移民始まる
1914～1918年	第一次世界大戦
1933年	ドイツでナチス政権誕生
1939～1945年	第二次世界大戦
1947年	国連によるパレスチナ分割決議案
1948年	イスラエル成立　第一次中東戦争　パレスチナ難民の発生
1956年	第二次中東戦争
1967年	第三次中東戦争
1968年	カラメの戦い
1969年	アラファト、PLOの議長に就任
1970年	ヨルダン内戦、PLO、レバノンへ
1973年	第四次中東戦争　第一次石油危機
1979年	イランで革命政権の成立　キャンプ・デービッド合意

1982年	レバノン戦争、イスラエル軍レバノンに侵攻　サブラ・シャティーラ難民キャンプでの虐殺 ヒズボラの誕生
1987年	第一次インティファーダ
1993年	オスロ合意
2000年	第二次インティファーダ　イスラエル軍のレバノンからの撤退
2004年	アラファト議長の死
2005年	イスラエルのガザからの撤退
2006年	ハマスの議会選挙での勝利
2008年	1回目のイスラエルのガザ攻撃(12月)
2009年	ガザ停戦(1月)　オバマ大統領就任(1月)
2012年	2回目のイスラエルのガザ攻撃(11月)
2014年	3回目のイスラエルのガザ攻撃(7〜8月)
2020年	アメリカ政府が仲介した「アブラハム合意」などにより、イスラエルがアラブ首長国連邦(UAE)をはじめとした4か国との関係正常化
2021年	4回目のイスラエルのガザ攻撃(5月)
2022年	イスラエルでネタニヤフ率いる右派や極右政党などの連立政権発足
2023年	ハマスによるイスラエルへの攻撃、イスラエルのガザ攻撃

写真出典等

p.27　岩のドームと嘆きの壁
https://commons.wikimedia.org/wiki/File:Westernwall2.jpg

p.67　アラファト議長
https://commons.wikimedia.org/wiki/File:ArafatEconomicForum.jpg

p.86　オスロ合意調印式
https://commons.wikimedia.org/wiki/File:Bill_Clinton,_Yitzhak_Rabin,_Yasser_Arafat_at_the_White_House_1993-09-13.jpg

参考文献

シルヴァン・シペル・著、林昌宏・訳、高橋和夫・解説
『イスラエルvs.ユダヤ人――中東版「アパルトヘイト」とハイテク軍事産業』
明石書店、2022年

高橋和夫『パレスチナ問題』放送大学教育振興会、2016年

装幀　石川直美（カメガイ デザイン オフィス）
カバー画　elic/shutterstock.com
イラスト　さいとうあずみ
DTP　美創
協力　山城 稔

〈著者プロフィール〉
高橋和夫（たかはし・かずお）
福岡県北九州市生まれ。大阪外国語大学ペルシア語科卒業、コロンビア大学国際関係論修士。クウェート大学客員研究員、放送大学教員などを経て、現在は放送大学名誉教授。日本を代表する中東研究者の一人で、メディア発信や講演を行う。主な著作に、『ロシア・ウクライナ戦争の周辺』(GIEST)、『なるほどそうだったのか!! パレスチナとイスラエル』(幻冬舎)、『パレスチナ問題の展開』(左右社)、『なぜガザは戦場になるのか』(ワニブックス)、『アラブとイスラエル パレスチナ問題の構図』(講談社現代新書)などがある。ブログ https://ameblo.jp/t-kazuo

なるほどそうだったのか！
ハマスとガザ戦争

2024年4月10日　第1刷発行

著　者　高橋和夫
発行人　見城 徹
編集人　福島広司
編集者　鈴木恵美

GENTOSHA

発行所　株式会社 幻冬舎
〒151-0051　東京都渋谷区千駄ヶ谷4-9-7
電話　03(5411)6211(編集)
03(5411)6222(営業)
公式HP：https://www.gentosha.co.jp/
印刷・製本所　近代美術株式会社

検印廃止

ISBN978-4-344-04260-5　C0095

この本に関するご意見・ご感想は、
下記アンケートフォームからお寄せください。
https://www.gentosha.co.jp/e/